I LOVE THIS GAME !

Depuis des décennies, les plus grands basketteurs de la planète parlent de leur sport préféré en ces termes : le basketball est un jeu, avant tout.

De Michael Jordan à LeBron James, en passant par Evan Fournier ou Victor Wembanyama, autour du basketball le mot « jeu » a toujours été là.

Et pour être franc ? Chaque année, chaque saison, on oublie un peu trop cela.

Ce sport reste un jeu, dans lequel on prend un ballon et on doit le mettre dans un panier.

Plus de fois que l'équipe adverse, et dans le temps imparti s'il vous plaît.

Puis parfois, aussi, on prend ce jeu un tout petit peu trop au sérieux.

On se chamaille, on débat, et quelque part on joue tous… le jeu ?

Ce jeu, c'est celui de la NBA, le plus grand divertissement sportif de la planète.

Et chaque mois de juin qui approche, jamais on ne souhaite que cela s'arrête.

Mais comme dans notre quotidien à nous tous, il faut bien s'offrir des pauses.

Que les joueurs et leurs fans, ensemble, soufflent un coup et se reposent.

Alors chez TrashTalk, on s'est dit qu'il fallait aller jusqu'au bout du délire.

Qu'en plus d'être avec vous toute l'année, une surprise d'été il fallait vous offrir.

Et que quitte à parler d'un véritable jeu, il fallait lui offrir son cahier officiel.

Un véritable cahier de jeux, made in TrashTalk, la vie n'est-elle pas belle ?

Voici donc le dernier cadeau du média préféré de ton basketteur préféré.

Dans la lignée de ce que vous avez connu, et depuis si longtemps apprécié.

Une véritable farandole d'activités, de références, et de jeux tout en humour.

Un mélange de folie collective, d'exercices tout en sincérité et en amour !

Ce cahier est pour vous, fans de basketball, de TrashTalk et de la NBA.

Les copains qui ont posé leurs congés, et les autres qui ont fini le lycée.

Affalés dans le sable, ou assis dans l'avion comme dans le train.

Joueurs et joueuses de la première heure, qui dribblent du soir au matin.

Ce cahier, c'est un peu notre cœur avec les doigts offert à toute la commu.

Et vu les derniers mois traversés ensemble, vous offrir ça nous rend émus.

Alors on vous souhaite de bonnes vacances, à chacun d'entre vous.

Et n'oubliez jamais, ô jamais : que le basket, ça reste un jeu avant tout.

FRANÇAIS

CAHIER DE **JEUX** POUR ADULTES

#TRASHTALK

LE CAHIER D'ACTIVITÉS ULTIME POUR TESTER LES VRAIS BASKETTEURS !

Hugo Sport

Ouvrage dirigé par Sophie Le Flour
Conception et réalisation graphiques : Stéphanie Aguado
Conception et rédaction : TrashTalk - Bastien Fontanieu et Simon Capelli-Welter
Illustrations : Freepik et Shutterstock
Photos : © Presse Sport et Getty Images (détails en page 64)

Département de Hugo Publishing
59, quai Alphonse Le Gallo
92100 Boulogne-Billancourt
www.hugopublishing.fr

ISBN : 9791042901127 /001
Dépôt légal : mai 2025

FSC www.fsc.org
MIXTE
Papier | Pour une gestion forestière responsable
FSC® C009279

Imprimé en Espagne par Estella Print en mars 2025
sur papier provenant de forêts gérées de manière responsable

FRANÇAIS MÊLÉS

niveau de connaissances NBA

Voici une grille de mots mêlés dans laquelle sont dispersés les noms des joueurs français ayant disputé la finale des Jeux Olympiques de Paris 2024 contre Team USA. À vous de les retrouver ! Une fois tous les noms de famille placés, les lettres restantes sur les premières lignes formeront une expression mystère…

Albicy • Batum • Cordinier • Coulibaly • De Colo • Fournier • Gobert • Lessort • Ntilikina • Strazel • Wembanyama • Yabusele

C	B	A	E	S	T	L	A	C	A	R	F
R	A	A	N	N	C	L	E	O	F	E	R
E	T	R	E	I	B	U	Y	R	G	I	U
Q	U	M	R	I	K	L	H	D	O	N	D
U	M	I	C	V	E	I	N	I	B	R	E
A	X	Y	M	S	X	F	L	N	E	U	C
E	L	E	S	U	B	A	Y	I	R	O	O
E	D	O	H	J	X	F	G	E	T	F	L
C	L	E	S	S	O	R	T	R	J	N	O
T	H	A	M	A	Y	N	A	B	M	E	W
I	T	L	G	H	S	T	R	A	Z	E	L
E	L	C	O	U	L	I	B	A	L	Y	B

L'expression mystère :

_ ' _ _ _ _ _ _ F _ _ _ _ _ _ F _ _ _ _ !

ILS ONT CHANGÉ DE NOM

niveau de connaissances NBA

D'un côté les noms de naissance de ces joueurs NBA. De l'autre, leur nouveau nom, acquis alors qu'ils jouaient déjà dans la Grande Ligue. À vous de relier l'un à l'autre !

Lew Alcindor •	• Mahmoud Abdul-Rauf
Olivier Saint Jean •	• Tariq Abdul-Wahad
Ron Artest •	• Enes Freedom
Enes Kanter •	• Bison Dele
Patrick Mills •	• Metta World Peace
Chris Jackson •	• Patty Mills
Brian Williams •	• Kareem Abdul-Jabbar

DES CHIFFRES EN LETTRES

niveau de connaissances NBA

Remplissez les espaces laissés vides en écrivant les chiffres indiqués en toutes lettres. Eh oui, ce n'est pas évident.

1. Kobe Bryant a inscrit ________________ (81) points en 2006 face aux Raptors.
2. Le dernier titre NBA des Bulls date de ________________ (1998).
3. LeBron James a battu le record de points inscrits dans l'histoire de la NBA par un joueur. Il était détenu par Kareem Abdul-Jabbar avec ________________ (39 012) points.
4. Victor Wembanyama mesure ________________ (221) centimètres, soit ________________ mètres et ________________ centimètres.
5. Luka Doncic porte le numéro ________________ (77) et son record de points dans un match est de ________________ (73).

niveau de connaissances NBA

LE JEU DES 7 (NOMS DE) FAMILLES

Voici 7 noms de famille parmi les plus fréquents en NBA : Williams, James, Robinson, Miller, Smith, Johnson, Thomas. Une liste de prénoms est à votre disposition : saurez-vous mettre les prénoms dans les bonnes cases ? Le but est de remplir chaque nom de famille avec un maximum de joueurs ayant joué en NBA !

Prénoms : Reggie • LeBron • Larry • Duncan • Cam • Magic • Jason • Mitchell • Jerome • Oliver • Isaiah • Kenny • David • Earvin • Brandon • Deron • Eddie • Mike • Jabari • Andre • Kurt • Buck • Steve • Brad • Walt • Isiah • Josh • Joe • Jalen • Bronny • Jaylin • Damion • Cliff • Tim • J.R. (aka Gérard)

NOMS	PRÉNOMS				
WILLIAMS					
JAMES					
ROBINSON					
MILLER					
SMITH					
JOHNSON					
THOMAS					

Ô BROTHER

niveau de connaissances NBA

Associez ces prénoms au nom de la fratrie de joueurs NBA correspondante.

Ausar & Amen • Brook & Robin • Caleb & Cody • Giannis, Kostas & Thanasis • Horace & Harvey • Jalen & Jaden • Juancho & Willy • Justin, Jrue & Aaron • Marcus & Markieff • Mason & Miles • Steph & Klay • Steph & Seth

Les frères GRANT ________ ________
Les frères THOMPSON ________ ________
Les frères MORRIS ________ ________
Les frères HOLIDAY ________ ________ ________
Les frères PLUMLEE ________ ________
Les frères CURRY ________ ________
Les frères ANTETOKOUNMPO ________ ________ ________
Les frères HERNANGOMEZ ________ ________
Les frères LOPEZ ________ ________
Les frères MARTIN ________ ________
Les frères MCDANIELS ________ ________
Les Splash BROTHERS ________ ________

niveau de connaissances NBA

MVP CROISÉS

Voici une grille de mots croisés qui contient tous les MVP de saison régulière NBA depuis 2001. Le Shaq, MVP en 2000, n'est donc pas dedans. Mais certains de ses anciens coéquipiers, si ! Saurez-vous remplir intégralement cette grille ?

1. Priorité à gauche
2. Real MVP
3. Salade tomate oignons
4. Pourquoi pas ?
5. Franco-américano camerounais
6. Grande blonde allemande
7. Nageur des raquettes
8. Jockey des Balkans
9. Certains l'appellent le GOAT
10. De son vrai prénom Wardell
11. R.I.P.
12. Ô Canada
13. Tout est possible
14. Au nom de la…
15. Intelligence artificielle

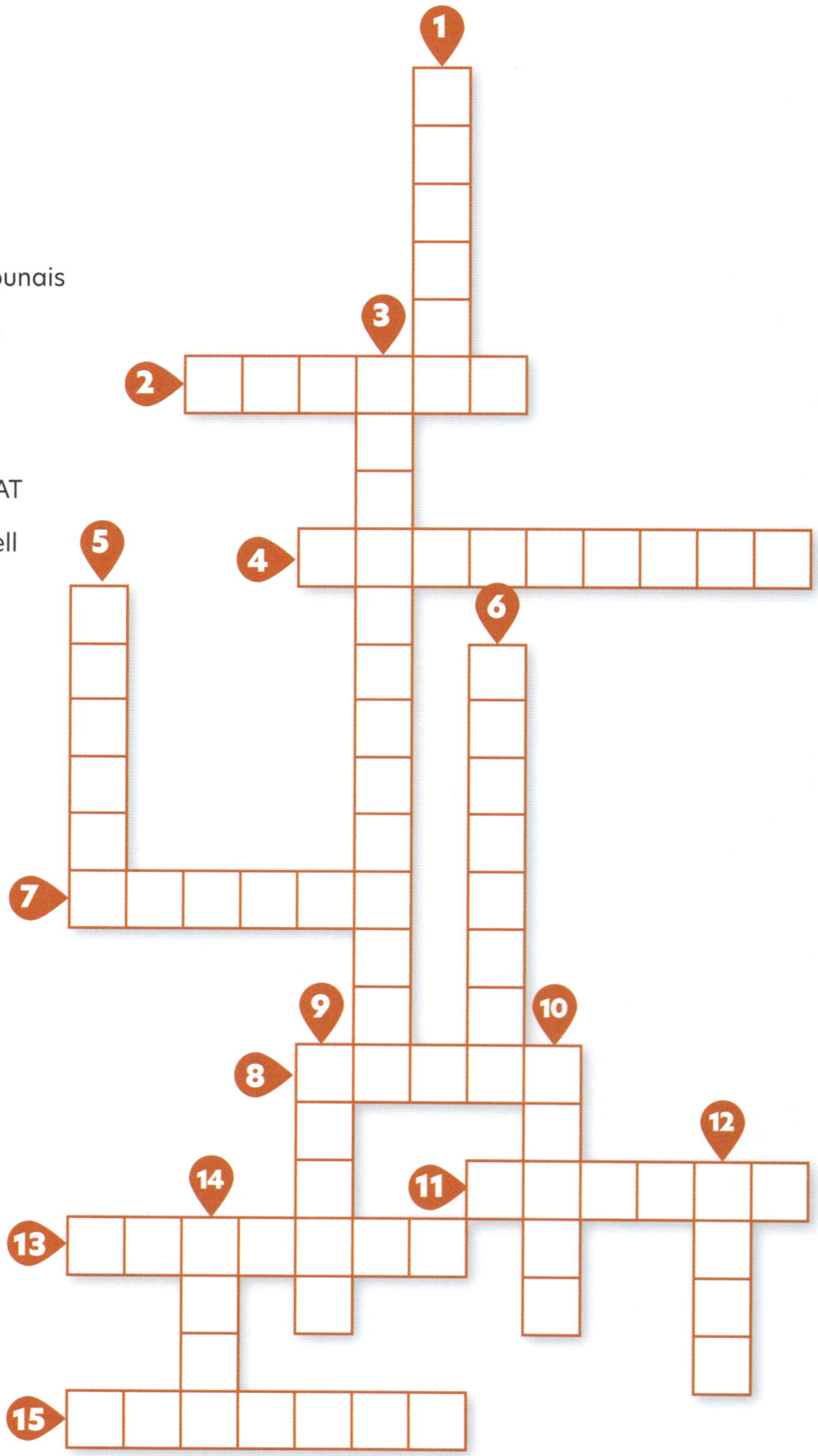

LES COMMENTAIRES À TROUS

niveau de connaissances NBA

Il s'agit ici de retrouver les mots manquants dans ces commentaires mythiques, du shoot de Ray Allen en 2013 au contre de Nicolas Batum en 2021.

1 Miami Heat - San Antonio Spurs, match 6 des NBA Finals, 18 juin 2013 :
« Rebound ______________, back ______________ to Allen, his three pointer ______________ ! »

2 France - Espagne, quart de finale du Mondial, 10 septembre 2014 :
« Oh c'est gonflé... c'est ______________, ... oh ______________ ce shoot de Thomas ______________ à 3 points, qui donne ______________ d'avance à l'équipe de France avec une minute à ______________. Thomas Heurtel, donne-moi ton ______________ !! »

3 France - USA, match de poule des JO de Sydney, 25 septembre 2000 :
« Oh tatatatataattatatataatatatatatatata. Le dunk des ______________ Olympiques !! Peut-être même le dunk de ______' ______________ même meilleur qu'en ______________ ! C'est incroyable ce que l'on vient de voir ______________ ______________ !! »

4 Golden State Warriors - Cleveland Cavaliers, match 7 des NBA Finals, 19 juin 2016
« Iguodala to ______________, back to Iguodala, up for a lay-______________ ?! WOAH !! ______________ BY JAMES !! LeBron James with the ______________ !! »

5 Le shoot de Stephen Curry depuis le parking Golden State Warriors - Oklahoma City Thunder, 28 février 2016
« They do have a ______________, decide not to use it. ______________, way ______________. Bang ! ______________ ! Oh, what a shot by Curry ! »

6 France - Slovénie, demi-finale des JO de Tokyo, 5 août 2021
« Contré !! Le contre de ______________ !! On a gagné ! On a gagné sur ce contre de Batum. La ______________ a gagné Richard ! On est en ______________. On est en finale 90 - ______________ !!! Incroyable fin de match. Incroyable contre de Nicolas Batum, le ______________, qui a contré Prepelic. »

ÉQUIPES ÉQUIPES ÉQUIPES

niveau de connaissances NBA

Voici plusieurs noms d'équipes NBA traduits en français. À vous de relier la ville associée à chaque équipe.

Les voiliers de ...	Denver
Les pépites de ...	Portland
Les pionniers de ...	Dallas
Les pantacourts de ...	Los Angeles
Les dissidents de ...	San Antonio
Les loups de la forêt du ...	Washington
Les éperons de ...	Philadelphie
Les gens nés en 76 de ...	New York
Les sorciers de ...	Minnesota

VENI VIDI VICIC

niveau de connaissances NBA

En utilisant les lettres qui flottent tout autour de la page, à vous de reformer un maximum de noms de joueurs d'Europe de l'Est (exemple : Nurkic). Spoiler : ça doit finir en IC.

U

c K l a

B j S T V Z

d e m y IC

r W

f I N G X

H O p Q

À QUI SONT CES SURNOMS ?

niveau de connaissances NBA

Reliez chacun de ces surnoms à son illustre propriétaire !

La Vérité	Jason Williams
Chocolat Blanc	Anthony Edwards
Le Facteur	Trae Young
La Faucheuse Maigre	Kevin Durant
L'homme fourmi	Paul Pierce
La Barbe	James Harden
Le Bac à glaçons	Karl Malone

SPELL JAM

niveau de connaissances NBA

Voici 13 noms de joueurs NBA. Ou plutôt… les lettres qui composent leurs noms. À vous de les remettre en ordre pour retrouver les joueurs concernés.

1. JEROME BLANS
2. TOTOPOK ANNNNUSIMAGIE
3. JOSEFF HONORE-LALINDRES
4. LUXE GHEDIAGO-NALISERAS
5. MARINA DALILDL
6. KIKI RITONZDW
7. RAMES DAJEHN
8. DANDYA WEWE
9. ABELYN ROWNJ
10. MAVYWE MBARCATION
11. DUNK CALCIO
12. JEAAN VULCANISONS
13. SONAR BUJNNEL

ET SI C'ÉTAIT VRAI ?

niveau de connaissances NBA

Parmi ces phrases, certaines ont réellement été prononcées.
D'autres sont totalement inventées. À vous de retrouver les vraies citations.

Kyrie Irving : « La Terre est plate. »

VRAI FAUX

Ja Morant : « La gravité n'est qu'une illusion d'optique. »

VRAI FAUX

Ron Artest : « Ce n'est pas tous les jours facile d'être l'ami des pandas. »

VRAI FAUX

Jason Kidd : « Nous allons faire prendre un virage à 360 degrés à cette équipe. »

VRAI FAUX

Drew Gooden : « J'ai dû surmonter beaucoup de diversité. »

VRAI FAUX

Draymond Green : « En NBA, il faut savoir sauter pour mieux reculer. »

VRAI FAUX

Kyle Kuzma : « Je ne dis pas que les extra-terrestres existent, mais que s'ils existent, alors nous sommes leurs extraterrestres aussi. »

VRAI FAUX

Doug Collins : « Quand Detroit dépasse les 100 points et maintient l'autre équipe sous les 100 points, ils gagnent presque à chaque fois. »

VRAI FAUX

Ben Wallace : « Quand on défend bien, on n'a même pas besoin de mettre des points pour en mettre plus que nos adversaires. »

VRAI FAUX

Joël Embiid : « Ce n'est pas tous les jours facile de ne pas être Joël Embiid. »

VRAI FAUX

Ben Simmons : « Main gauche ou main droite, peu importe. Je suis orthodoxe. »

VRAI FAUX

Charles Shackleford : « Main gauche ou main droite, peu importe. Je suis amphibie. »

VRAI FAUX

Shaquille O'Neal : « J'ai gagné à tous les niveaux, sauf à la fac et en pro. »

VRAI FAUX

Anthony Edwards : « J'ai gagné à tous les étages, sauf le second et le septième. »

VRAI FAUX

Chuck Nevitt : « Ma sœur attend un gosse, je ne sais pas si je vais devenir un oncle ou une tante. »

VRAI FAUX

DeMarcus Cousins : « J'ai eu 7 enfants avec 6 femmes différentes, mais pour moi ils sont quand même tous cousins. »

VRAI FAUX

LA REAL DICTÉE

niveau de connaissances NBA

Dix-huit fautes se sont glissées dans ce discours, à savoir celui de Kevin Durant au moment de recevoir son titre de MVP, le 6 mai 2014, dédié à sa maman. À vous de toutes les entourer.

Et en dernier, j'aimerais remerciez ma mère... Je ne pense pas que tu sais ce que tu as faits, tu as eu mon frère quand tu avait 18 ans, puis mois trois ans plus tard... On était coincés, les chances étaient contre nous. Mère toute seule à 21 ans avec deux enfants, tout le monde nous a dit qu'on navet rien à faire ici, on a bougé d'appartement en appartement par nous-mêmes... Un des meilleures souvenirs que j'ai, c'est quand on est arrivez dans notre premier appartement, y'avait pas de lit, pas de meubles, et on s'est juste rassemblé dans le salon et on s'est serai dans les bras. Parce que c'est... c'est à ce moment-là qu'on s'est dit on y était arrivées.

Et quand quelque chose de positif vous arrive, je ne sais pas pour vous mais personnellement je regarde en arrière afin de voir ce qui m'a permit d'arriver jusqu'ici. Et... tu me réveillais au milieu de la nuit en plein été pour me faire courrir sur la coline, me faire faire des pompes, me crier dessus au bord du terain à 8 ou 9 ans... On n'était pas censés en arrivées là, tu nous as fait croire en nous, tu nous as gardé hors des dangers de la rue, mis des fringues sur nous et de quoi manger sur la table... Quand tu ne mangais pas, tu faisez attention à ce qu'on mange, quitte à ce que tu te couches avec la fin au ventre.

Tu t'es sacrifiée pour nous... c'est toi le vraie MVP.

C'EST AVEC STYLE

niveau de connaissances NBA

Une liste de phrases à propos de la NBA d'un côté. Une liste de figures de style chères à la langue française de l'autre. À vous d'associer le bon exemple à la bonne figure de style.

Allitération : répétition du même son
Apostrophe : interpeler une personne réelle ou imaginaire
Euphémisme : expression atténuée d'une idée ou d'un fait
Hyperbole : expression exagérée d'une idée ou d'un sentiment
Oxymore : association de deux mots contradictoires

« La balle de basketball est entre les belles mains de Bol Bol. » : ______________________

« Ô Michael Jordan, suspends ton vol. » : ______________________

« 2 sur 19 aux shoots et 7 ballons perdus : ce n'était pas le meilleur match d'Anthony Edwards. » : ______________________

« Allen Iverson, ce petit géant des parquets. » : ______________________

« Les Los Angeles Lakers sont la meilleure équipe sportive de l'univers. » : ______________________

MATHS

PAY THE BEAL

niveau de connaissances NBA

Propriétaire d'un des plus gros contrats de toute la NBA, combien de temps faudrait-il à Bradley Beal pour s'offrir les cadeaux suivants ?

Bradley Beal gagne 50 203 930 dollars par an. Soit 4 183 661 dollars par mois, 965 460 dollars par semaine, 137 545 dollars par jour, 5 727 dollars par heure ou enfin 95 dollars par minute. Voici les cadeaux qu'il souhaite s'acheter, à vous d'indiquer le temps qu'il lui faudra pour pouvoir se les procurer.

1 abonnement d'un an au NBA League Pass = 146,99 euros ______________________________

1 console de jeu Nintendo Switch + le jeu Mario Kart = 349,99 euros ______________________

1 vol aller-retour Phoenix - Tokyo en juin = 955 euros ______________________________

1 scooter Vespa 125 cm³ = 5399 euros ______________________________

1 villa avec piscine dans le Luberon = 1 250 000 euros ______________________________

1 appartement parisien avec vue sur la Tour Eiffel = 3 758 000 euros ____________________

1 yacht de 100 mètres de long = 240 millions d'euros ______________________________

PAR ICI LES BAGOUSES

niveau de connaissances NBA

Michael Jordan a gagné 6 titres de champion NBA. À l'aide de cette info mythique et des indices suivants, remplissez le tableau ci-dessous pour savoir combien de titres ont remporté ces joueurs de légende.

- Robert Horry a un titre de plus que MJ.
- Bird a la moitié des titres de Jordan.
- Wade a le même nombre de titres que Bird soit un de moins que LBJ.
- À eux deux, Curry et LeBron ont 2 titres de plus que MJ.
- Curry, Parker et le Shaq ont le même nombre de titres.
- Hakeem a deux fois moins de titres que ce trio.
- Le nombre de titres d'Hakeem additionnés à ceux de Wade donne le total de titres de Duncan.
- Duncan a le même nombre de titres que Kobe.
- Russell a autant de titres que Bird, Duncan et Wade réunis.
- Russell a également autant de titres que Jabbar et Magic réunis, sachant que Jabbar a un titre de plus que Magic.
- Rodman a le même nombre de titres que Magic.
- Scottie Pippen a un titre de moins que Robert Horry.
- Carmelo Anthony et Patrick Ewing n'ont jamais gagné de titres et ne sont donc pas dans ce tableau.

Joueurs de légende	
Kareem Abdul-Jabbar	
Larry Bird	
Kobe Bryant	
Steph Curry	
Tim Duncan	
Robert Horry	
LeBron James	
Magic Johnson	
Michael Jordan	6
Hakeem Olajuwon	
Shaquille O'Neal	
Tony Parker	
Scottie Pippen	
Dennis Rodman	
Bill Russell	
Dwyane Wade	

niveau de connaissances NBA

CHAMPIONS ET RATIO

Voici les 11 équipes les plus titrées de l'histoire de la NBA, avec leur nombre total de finales gagnées, de finales perdues et de finales jouées. Répondez aux questions suivantes concernant ces 11 équipes. *À noter que ce tableau a été conçu et imprimé avant les Finales NBA 2025.*

ÉQUIPES	FINALES GAGNÉES	FINALES PERDUES	FINALES JOUÉES	% DE VICTOIRES
CELTICS	18	5	23	
LAKERS	17	15	32	
WARRIORS	7	5	12	
BULLS	6	0	6	
SPURS	5	1	6	
SIXERS	3	6	9	
PISTONS	3	4	7	
HEAT	3	4	7	
KNICKS	2	6	8	
BUCKS	2	1	3	
ROCKETS	2	2	4	

Quelle équipe a perdu le plus de finales ?

Quelle équipe a le pire pourcentage victoires/défaites en finale ?

Quelle équipe a le meilleur pourcentage victoires/défaites en finale ?

Quelle est la seule équipe pile à l'équilibre victoires/défaites ?

Quel est le pourcentage de victoires des Sixers en finale ?

Sur ces 11 équipes, combien ont plus de victoires que de défaites en finale ?

Vrai ou faux : les Celtics et Lakers ont plus de titres à eux deux que les 9 autres équipes du tableau combinées ?

niveau de connaissances NBA

DALLAS ET LE JOKER

Vous avez un jeu de 52 cartes aux couleurs de la NBA. Les 4 as sont aux couleurs de Dallas, le Joker à l'effigie de Nikola Jokic. Avec ce jeu, vous retournez les cartes une à une. Quel est le pourcentage de chances de retourner les quatre as avant le joker ?

Indice : ce n'est sans doute pas la peine de prendre toutes les cartes en compte...

CONVERSION/RECONVERSION

niveau de connaissances NBA

Aux USA, tout se mesure en pieds et en pouces.
Saurez-vous réaliser les conversions ci-dessous sans devenir fou ?
1 pied = 0,3048 mètre • 1 pouce = 2,54 centimètres

Michael Jordan (6 pieds et 6 pouces) = ...

LeBron James (6 pieds et 9 pouces) = ...

Nikola Jokic (6 pieds et 11 pouces) = ...

Luka Doncic (2,01 m) = ...

Victor Wembanyama (2,21 m) = ...

Tony Parker (1,88 m) = ...

Luka Doncic sur la tête de Victor Wembanyama (4,22 m) ....

ALL IN THE BOX SCORE

niveau de connaissances NBA

En finale de basket féminin des JO de Paris 2024, les Françaises sont passées à 1 point du plus grand exploit de l'histoire du basket français, en s'inclinant 66 à 67 face aux Américaines. Voici la feuille de match de cette rencontre mythique, ou l'occasion de voir si vous savez bien lire un box score.

Combien de points a mis Gabby Williams ? ....

Qui est la meilleure passeuse française du match ? ....

Combien de lancers-francs ont raté les Françaises ? ....

Combien ont-elles inscrit de shoots à 2 points ? ....

Quel est le pourcentage final des Françaises à 3 points ? ....

Combien de rebonds offensifs les Françaises ont-elles pris au total ? ....

#	JOUEUSES	MIN	TIRS	2PT	3PT	LF	REBD	REB	PD
4	Marine Fauthoux	20:08	2/8 (25 %)	0/2 (0 %)	2/6 (33,3 %)	2/2 (100 %)	2	3	1
6	Alexia Chery	07:46	2/6 (33,3 %)	2/3 (66,6 %)	0/3 (0 %)	0/0 (0 %)	0	1	1
10	Sarah Michel Boury	10:13	0/0 (0 %)	0/0 (0 %)	0/0 (0 %)	0/0 (0 %)	0	1	1
11	Valeriane Ayayi	25:44	3/9 (33,3 %)	2/4 (50 %)	1/5 (20 %)	2/2 (100 %)	1	2	2
12	Iliana Rupert	13:37	0/0 (0 %)	0/0 (0 %)	0/4 (0 %)	0/0 (0 %)	2	4	0
13	Janelle Salaun	16:18	1/4 (25 %)	1/2 (50 %)	0/2 (0 %)	0/0 (0 %)	5	6	0
14	Dominique Malonga	02:26	0/2 (0 %)	0/2 (0 %)	0/0 (0 %)	0/0 (0 %)	0	1	1
15	Gabby Williams	32:13	7/16 (43,8 %)	4/10 (40 %)	3/6 (50 %)	2/2 (100 %)	1	7	2
22	Marieme Badiane	30:27	2/5 (40 %)	2/5 (40 %)	0/0 (0 %)	4/4 (100 %)	4	6	3
23	Marine Johannes	21:16	3/13 (23,1 %)	2/5 (40 %)	1/8 (12,5 %)	2/2 (100 %)	2	2	1
42	Leila Lacan	15:34	3/6 (50 %)	3/4 (75 %)	0/2 (0 %)	1/1 (100 %)	0	0	0
47	Romane Bernies	04:18	0/0 (0 %)	0/0 (0 %)	0/0 (0 %)	0/0 (0 %)	1	1	0

JET LAG

niveau de connaissances NBA

Les USA possèdent 4 fuseaux horaires. Ce qui peut parfois semer la confusion, surtout quand on multiplie les voyages en avion, comme peuvent le faire les joueurs NBA. Voici 4 problèmes à régler, liés à ces histoires de décalage horaire...

1. Une heure de décalage horaire sépare Miami et San Antonio. Ainsi, il est 11 h du matin dans le Texas quand il est midi à Miami. Sachant qu'un vol d'avion San Antonio - Miami dure 2 h 50 ; si les Spurs, l'équipe de basket de San Antonio, décolle à 15 h, à quelle heure arrivera-t-elle à Miami ?

2. Une heure de décalage horaire sépare New York et Dallas. Un vol entre les deux villes dure en moyenne 4 h 10. Si les Knicks décollent de NY à 23 h, à quelle heure arriveront-ils à Dallas ?

3. Il y a deux heures de décalage entre Sacramento et Oklahoma City. Un vol direct entre les deux villes dure 4 h. Les Kings sont censés partir à minuit de Sacramento. MAIS ÉVIDEMMENT MALIK MONK A OUBLIÉ SON SAC, et l'équipe a décollé avec une heure de retard. À quelle heure atterriront-ils à OKC ?

4. Les Pistons partent pour Chicago. Ils pensaient prendre le bus, mais cela fait tout de même plus de 4 h 30 de route, pour 1 h 25 en avion. S'ils partent à 10 h de Detroit, sachant qu'une heure de décalage sépare les deux villes, à quelle heure arriveront-ils à Chicago s'ils partent en voiture ? Et s'ils prennent l'avion ?

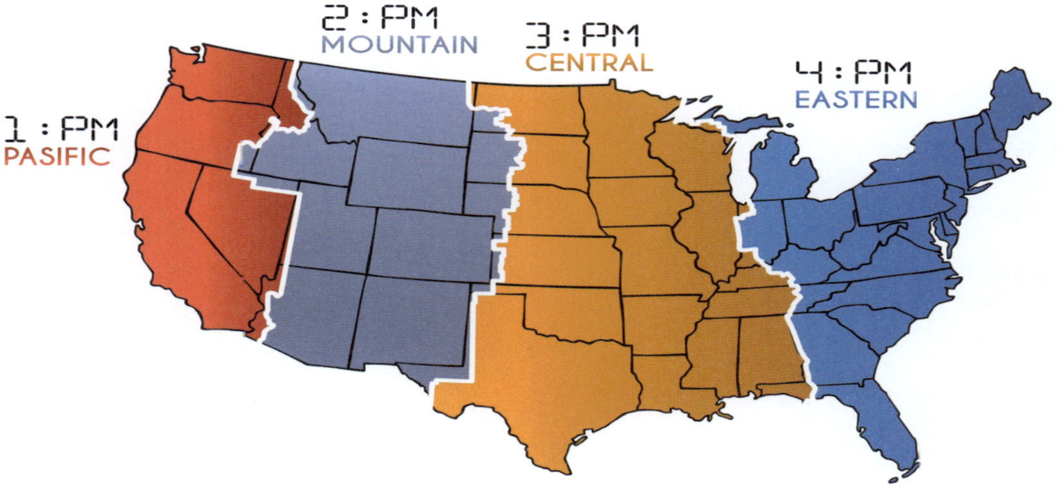

HIGH SCORE

niveau de connaissances NBA

Voici le total de points marqués par dix des meilleurs scoreurs de tous les temps (en cours au 25/02/2025), ainsi que certains des joueurs français à avoir fait carrière en NBA.

JOUEURS	POINTS
LeBron James	41 700 + (en cours)
Kareem Abdul-Jabbar	38 387
Karl Malone	36 928
Kobe Bryant	33 643
Michael Jordan	32 292
Dirk Nowitzki	31 560
Wilt Chamberlain	31 419
Kevin Durant	30 100 + (en cours)
Shaquille O'Neal	28 596
Carmelo Anthony	28 289
Tony Parker	19 473
Nicolas Batum	11 100 + (en cours)
Boris Diaw	9 139
Joakim Noah	5 881
Mickaël Pietrus	4 629

Répondez, sans calculette, aux questions suivantes :

1. Quel est l'écart de points exact entre Kareem Abdul-Jabbar et Karl Malone ? ______
2. Entre Kobe Bryant et Michael Jordan ? ______
3. Entre Wilt Chamberlain et Shaquille O'Neal ?

______

4. Combien de points séparent le total de Boris Diaw additionné à celui de Joakim Noah du total de points de Dirk Nowitzki ?

______

Question bonus :
Si Tony Parker met 20 points tous les soirs, combien de matchs lui faudra-t-il pour dépasser Michael Jordan ?

______

DES CHIFFRES ET DES MAILLOTS

niveau de connaissances NBA

Vous connaissez l'émission « Des Chiffres et des Lettres » ?
Dans ce jeu, vous devez atteindre le total indiqué en utilisant les 5 nombres disponibles, basés sur des numéros de joueurs NBA. Alors, le compte est bon ?

1000	Mutombo **55**	LeBron **23**	Jordan **23**	Shai **2**	Iverson **3**
500	Durant **7**	Bryant **8**	Thomas **24**	Herro **14**	DeRozan **10**
2024	Sarr **20**	Marjanovic **51**	Holidcy **4**	Durant **35**	Jokic **15**
1992	Giannis **34**	Batum **33**	Love **42**	Ginobili **20**	Curry **30**

CHICAGO BOULES

niveau de connaissances NBA

Un jeu facile... sur le papier ! Il vous suffit de relier ces 9 boules de Chicago en seulement 4 lignes droites, mais sans jamais lever son crayon.

ALLÔ HOUSTON, ON A UNE ÉNIGME

niveau de connaissances NBA

Voici une version de la fameuse énigme dite « énigme d'Einstein », adaptée aux Houston Rockets. Petit conseil, mieux vaut s'équiper d'un papier, d'un crayon, d'un tableau et de temps pour cocher les différents indices propres à chaque maison. À vous de résoudre cette énigme !

À Houston, il y a 5 maisons de 5 couleurs différentes. Dans chaque maison vit un joueur des Rockets de nationalité différente. Chacun des 5 joueurs boit un certain type de boisson, mange un certain type de mets et garde un certain animal domestique.

Hypothèses :

1. Dillon Brooks vit dans la maison rouge.
2. Jock Landale a des chiens.
3. Fred Van Vleet boit du thé.
4. La maison verte est à gauche de la maison blanche.
5. Le propriétaire de la maison verte boit du café.
6. La personne qui mange des pancakes élève des oiseaux.
7. Le propriétaire de la maison jaune mange du crabe.
8. La personne qui vit dans la maison du centre boit du sirop d'érable.
9. Steven Adams habite la première maison en partant de la gauche.
10. L'homme qui mange des hotdogs vit à côté de celui qui a des chats.
11. L'homme qui a un cheval est le voisin de celui qui mange des crabes.
12. Le propriétaire qui mange de la tarte boit de la bière.
13. Alperen Sengun mange des kebabs.
14. Steven Adams vit juste à côté de la maison bleue.
15. L'homme qui mange des hotdogs a un voisin qui boit de l'eau.

Qui a le poisson ?

QUI JOUE QUI ?

niveau de connaissances NBA

Un petit jeu de logique autour du calendrier NBA et de ses spécificités.
Rien de bien sorcier, mais il va falloir être un minimum attentif.

CONFÉRENCE OUEST			CONFÉRENCE EST		
Nord-Ouest	**Pacifique**	**Sud-Ouest**	**Atlantique**	**Centrale**	**Sud-Est**
Denver Nuggets	Golden State Warriors	Dallas Mavericks	Boston Celtics	Chicago Bulls	Atlanta Hawks
Minnesota Timberwolves	Los Angeles Clippers	Houston Rockets	Brooklyn Nets	Cleveland Cavaliers	Charlotte Hornets
Oklahoma City Thunder	Los Angeles Lakers	Memphis Grizzlies	New York Knicks	Detroit Pistons	Miami Heat
Portland Trail Blazers	Phoenix Suns	New Orleans Pelicans	Philadelphie Sixers	Indiana Pacers	Orlando Magic
Utah Jazz	Sacramento Kings	San Antonio Spurs	Toronto Raptors	Milwaukee Bucks	Washington Wizards

La NBA se divise en deux conférences, elles-mêmes divisées en trois divisions chacune, comme vous pouvez le voir ce tableau. Au cours d'une saison, chaque équipe dispute 82 matchs, dont 4 contre chacune des équipes de sa propre division et 2 contre chaque équipe de la conférence adverse. Avec ces éléments en tête, répondez à ces différentes questions :

1. Au total, combien de matchs les Celtics jouent dans leur propre division ?
2. Combien de matchs le Thunder va jouer face aux Raptors ?
3. Combien de matchs les Sacramento Kings vont jouer contre les Los Angeles Lakers ?
4. Combien de matchs auront lieu entre Dallas et les Bulls ?
5. Combien de fois les Knicks et les Nets vont-ils s'affronter ?
6. Combien de fois les Knicks et les Houston Rockets vont-ils s'affronter ?
7. Les Spurs vont-ils jouer plus de matchs contre les Sixers ou les Blazers ?

LES BONNES DIMENSIONS

niveau de connaissances NBA

Voici un terrain de basket avec ses principales dimensions. Longueur, largeur et autres mesures qui vont vous rappeler certains souvenirs de géométrie. Enfin, on l'espère.

1. Quelle est la surface d'un terrain de basket ? *(surface = longueur x largeur)*
2. Quelle est la surface de la raquette ?
3. Quel est le diamètre du rond central ?
4. Combien ai-je parcouru de mètres si je fais 10 tours de terrain

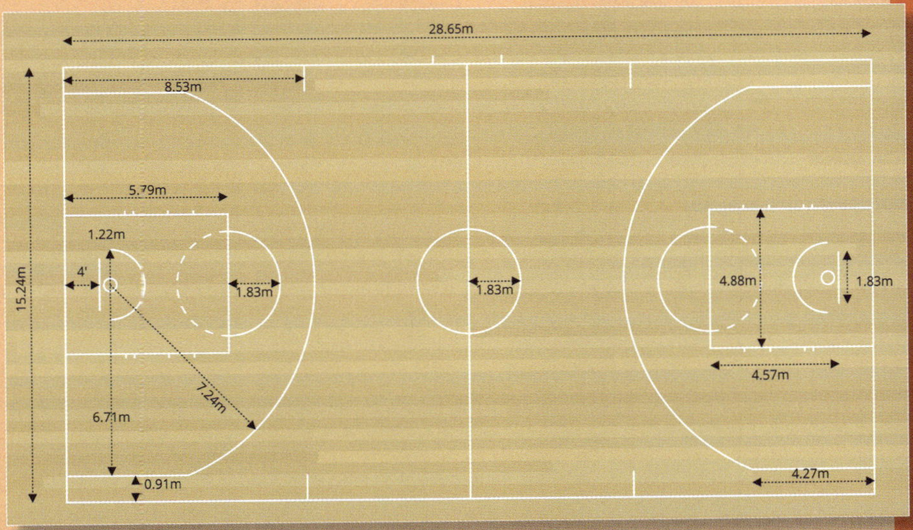

GÉOGRAPHIE

AROUND THE WORLD

niveau de connaissances NBA ●●

Voici une liste de joueurs internationaux passés par la NBA. Le but du jeu est de relier chaque joueur à son pays d'origine. Certains sont faciles, d'autres moins...

Zaza Pachulia ●	● Nouvelle-Zélande
Nikola Jokic ●	● Monténégro
Jakob Pöltl ●	● Lituanie
Kristaps Porzingis ●	● Serbie
Dikembe Mutombo ●	● Canada
Danilo Gallinari ●	● Géorgie
Lauri Markkanen ●	● Japon
Rui Hachimura ●	● Autriche
Domantas Sabonis ●	● Suisse
Nikola Vucevic ●	● Turquie
Steven Adams ●	● Lettonie
Luka Doncic ●	● Finlande
Clint Capela ●	● Congo
Alperen Sengun ●	● Slovénie
Jamal Murray ●	● Italie

AVIS À LA POPULATION

niveau de connaissances NBA ●

Voici une liste des 28 villes qui hébergent une franchise NBA. L'exercice est simple (mais pas évident) : il suffit de les numéroter de la plus peuplée à la moins peuplée. *Comme indiqué, la moins peuplée est habitée par pas mal de mormons...*

	Atlanta		Los Angeles		Phoenix
	Boston		Memphis		Portland
	Charlotte		Miami		Sacramento
	Chicago		Milwaukee	28	Salt Lake City
	Cleveland		Minneapolis		San Antonio
	Dallas		New Orleans		San Francisco
	Denver		New York City		Toronto
	Detroit		Oklahoma City		Washington D.C.
	Houston		Orlando		
	Indianapolis		Philadelphia		

LE JEU DES NAISSANCES

Qui est né dans quelle ville ? Alors là, c'est à vous de nous le dire… en reliant chaque joueur à sa ville de naissance.

VERSION US

Jayson Tatum	West Baden Springs, Indiana
LeBron James	Greenville, North Carolina
Stephen Curry	Dalzell, South Carolina
Kevin Durant	Brooklyn, New York
Larry Bird	Atlanta, Georgia
Kobe Bryant	Castle Air Force Base, Merced, California
Kevin Garnett	Philadelphie, Pennsylvanie
Ray Allen	Washington D.C.
Carmelo Anthony	Akron, Ohio
Anthony Edwards	Akron, Ohio
Ja Morant	Saint-Louis, Missouri

VERSION INTERNATIONALE

Pascal Siakam	Toronto
Patrick Ewing	Berlin
Yao Ming	Utena
Dirk Nowitzki	Shanghai
RJ Barrett	Yaoundé
Giannis Antetokounmpo	Pescara
Joël Embiid	Wurtzbourg
Franz Wagner	Kingston
Jonas Valanciunas	Douala
Simone Fontecchio	Zografu

VERSION FRANÇAISE

Joakim Noah	Bruges
Tony Parker	Rouen
Nicolas Batum	Saint-Quentin
Boris Diaw	Clamart
Victor Wembanyama	Cholet
Mathias Lessort	Corneilles-en-Parisis
Isaïa Cordinier	Fort-de-France
Theo Maledon	Créteil
Vincent Poirier	New York
Evan Fournier	Le Chesnay
Rudy Gobert	Saint-Maurice
Tariq Abdul-Wahad	Lisieux
Antoine Rigaudeau	Maisons-Alfort

niveau de connaissances NBA

À LA CARTE

Replacez toutes les franchises NBA actuelles sur la carte des USA (et du Canada...). Simple. Basique.

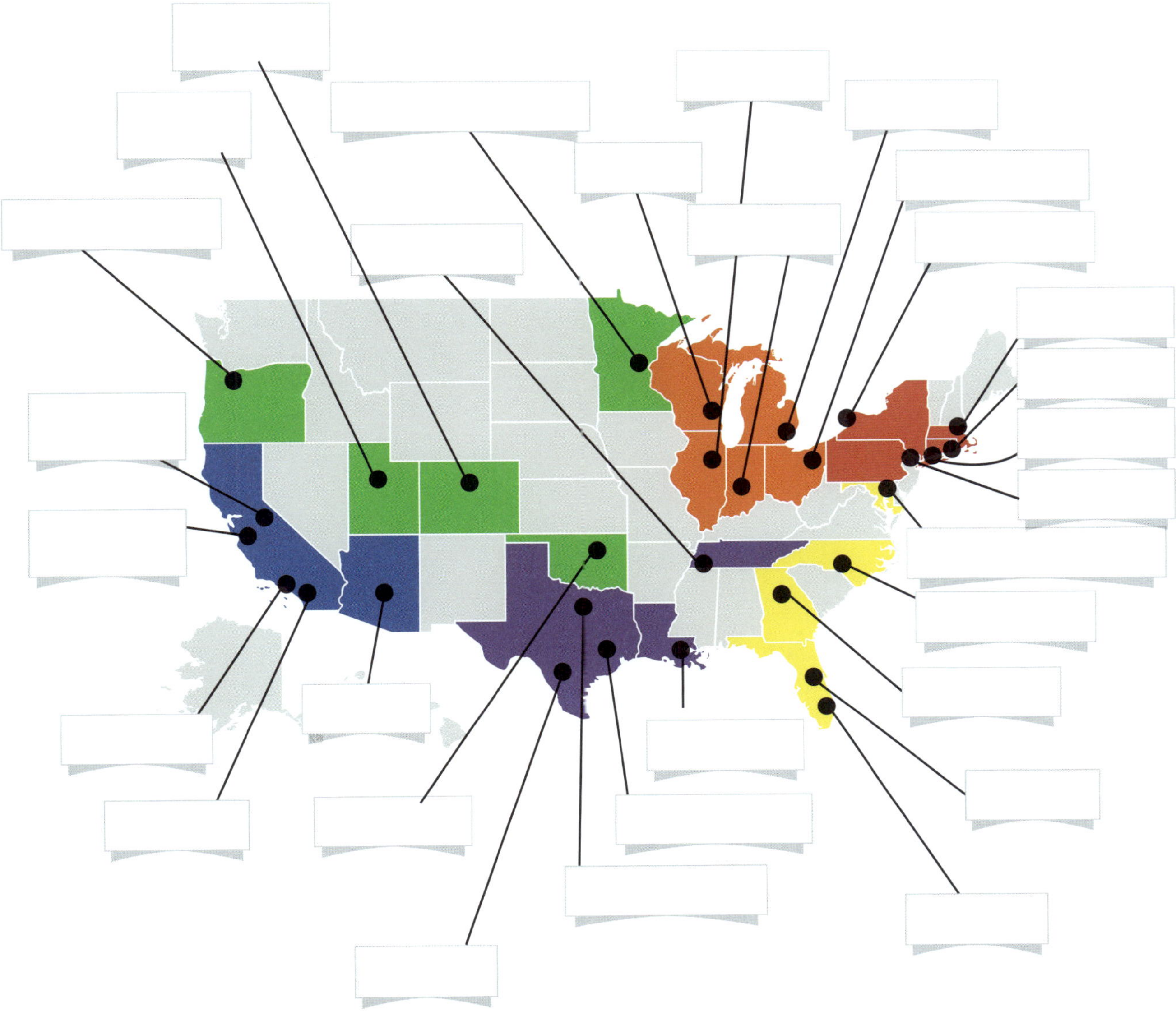

NATIONAL BASKET ASSOCIATION					
Conférence Ouest			**Conférence Est**		
NORD-OUEST	PACIFIQUE	SUD-OUEST	ATLANTIQUE	CENTRALE	SUD-EST
Nuggets de Denver	Warriors de Golden State	Mavericks de Dallas	Celtics de Boston	Bulls de Chicago	Hawks d'Atlanta
Timberwolves du Minnesota	Clippers de Los Angeles	Rockets de Houston	Nets de Brooklyn	Cavaliers de Cleveland	Hornets de Charlotte
Thunder d'Oklahoma City	Lakers de Los Angeles	Grizzlies de Memphis	Knicks de New York	Pistons de Detroit	Heat de Miami
Trail Blazers de Portland	Suns de Phoenix	Pelicans de La Nouvelle-Orléans	76ers de Philadelphie	Pacers de l'Indiana	Magic d'Orlando
Jazz de l'Utah	Kings de Sacramento	Spurs de San Antonio	Raptors de Toronto	Bucks de Milwaukee	Wizards de Washington

PARIS DAKAR

niveau de connaissances NBA

On a créé des vols reliant des villes bien portées sur le basket.
Classez ces distances à vol d'oiseau par ordre croissant, attention c'est serré !

- ◯ Madrid .... Los Angeles
- ◯ Moscou .... Miami
- ◯ Berlin .... Indianapolis
- ◯ Tokyo .... Sacramento
- ◯ Paris .... New York
- ◯ Dallas .... Francfort
- ◯ Marne la Vallée .... Orlando
- ◯ Lagos .... Houston
- ◯ Buenos Aires .... San Antonio
- ◯ Luxembourg .... Washington

GÉNÉALOGIQUE

niveau de connaissances NBA

Plusieurs équipes ont changé de villes et/ou de noms au cours de leur histoire. Sauras-tu retrouver ces équipes actuelles à partir de leur ancien nom ?

1. Tri-Cities Blackhawks
   Milwaukee Hawks
   St Louis Hawks
   ____
2. New York Nets
   New Jersey Nets
   ____
3. Chicago Packers
   Chicago Zephyrs
   Baltimore Bullets
   Capital Bullets
   Washington Bullets
   ____
4. New Orleans Jazz
   ____
5. Rochester Royals
   Cincinnati Royals
   Kansas City - Omaha Kings
   Kansas City Kings
   ____
6. Syracuse Nationals
   ____
7. Seattle Supersonics
   ____
8. Buffalo Braves
   San Diego Clippers
   ____

niveau de connaissances NBA

LA RONDE DES PLAYGROUNDS

Voici 8 des plus célèbres playgrounds au monde.
Classe-les par distance avec Paris, du plus proche au plus éloigné.

Venice Beach
1800 Ocean Front Walk, Los Angeles, Californie

Susquehanna
16th and Susquehanna Avenue, Philadelphie, Pennsylvanie

Tenement Court
Western Bicutan, Taguig, Philippines

Rucker Park
280 West & 155th Street, Manhattan, New York

Le Bijou
Ispod Minčete 2, Dubrovnik, Croatie

The Cage
6th Ave & West 3rd Street, Manhattan, New York

MacGregor Park
5225 Calhoun Road, Houston, Texas

3D Basketball Court
Karl-Theodor-Straße, 80796 München, Allemagne

niveau de connaissances NBA

FRENCH TOUCH

En 2011, la NBA a connu une grève qui a poussé certains joueurs français à rentrer au bercail. Pouvez-vous relier ces joueurs au club dans lequel ils sont revenus ?

Tony Parker	Nancy
Nicolas Batum	ASVEL
Ronny Turiaf	Gravelines
Boris Diaw	Le Havre
Ian Mahinmi	Hyères-Toulon
Alexis Ajinça	ASVEL
Pape Sy	Bordeaux

niveau de connaissances NBA

EUROS STARS

Certains joueurs ont à la fois cartonné en NBA et en Europe au cours de leur carrière. Dans ce jeu, retrouvez ces joueurs en vous basant sur les clubs européens et les équipes NBA où ils ont joué !

Clubs européens	Équipes NBA	Noms des joueurs
Panathinaïkos Fortitudo Bologne	Atlanta Hawks Los Angeles Clippers Boston Celtics San Antonio Spurs Orlando Magic	
Viola Reggio Calabria Virtus Bologne	San Antonio Spurs	
Joventut Badalona Real Madrid	Portland TrailBlazers Denver Nuggets	
Besiktas	Philadelphie Sixers Denver Nuggets Detroit Pistons Memphis Grizzlies	
CD Maristas-Palencia Real Madrid FC Barcelone Olimpia Milan	Chicago Bulls New Orleans Pelicans	
Besiktas	Utah Jazz New Jersey Nets Dallas Mavericks	
Real Madrid	Dallas Mavericks Los Angeles Lakers	
KK Zagreb Fulgor Omegna Kolossos Rhodes Saski Bastonia Panathinaikos Olimpia Milan CSKA Moscou AS Monaco	Phoenix Suns New Orleans Pelicans Brooklyn Nets	
Hapoël Jerusalem Maccabi Tel-Aviv	Phoenix Suns New York Knicks Dallas Mavericks Miami Heat	
ASVEL AS Monaco	Phoenix Suns	
Roanne Rouen ASVEL Real Madrid	Boston Celtics Philadelphie Sixers	

niveau de connaissances NBA

LES CHINEURS

Parfois, il faut accepter de jouer dans le championnat chinois. Reliez ces stars NBA au club de CBA (Chinese Basketball Association) dans lequel ils ont joué au cours de leur glorieuse carrière.

Al Harrington	Zhejiang Golden Bulls
Stephon Marbury	Qingdao Eagles
JR Smith	Fujian Sturgeons
Chris Andersen	Sichuan Blue Whales
Gilbert Arenas	Shanghai Sharks
Metta World Peace	Beijing Ducks
Tracy McGrady	Jiangsu Dragons

GÉOPARDY

niveau de connaissances NBA

Voici une liste de 20 grandes villes dans le monde. Parmi elles, saurez-vous indiquer les 17 villes dans lesquelles la NBA a déjà joué un match, qu'il soit officiel ou amical ? Et par élimination, les 3 où la NBA n'a pas (encore ?) mis les pieds.

MEXICO CITY
LISBONNE
YOKOHAMA
BERLIN
SAITAMA
TOKYO
MONTERREY
RIO DE JANEIRO
LONDRES
BRUXELLES
ROME
GUANGZHOU
MILAN
MANCHESTER
SHANGHAI
PÉKIN
MADRID
ABU DHABI
BARCELONE
SÉVILLE

DANS QUEL ÉTAT J'ÈRE

niveau de connaissances NBA

La plupart des équipes NBA portent le nom de la ville où elles jouent, mais certaines portent le nom de leur État. Dans ce jeu, remplacez le nom de l'État par le nom de la ville dans laquelle ces équipes jouent, et inversement.
Exemple : San Antonio Spurs = Texas Spurs

LES ÉTATS EN VILLES

Golden State Warriors ______________ ______________
Minnesota Timberwolves ______________ ______________
Utah Jazz ______________ ______________
Indiana Pacers ______________ ______________

LES VILLES EN ÉTATS

Chicago Bulls ______________ ______________
Milwaukee Bucks ______________ ______________
Boston Celtics ______________ ______________
Sacramento Kings ______________ ______________
New Orleans Pelicans ______________ ______________
Atlanta Hawks ______________ ______________
Phoenix Suns ______________ ______________
Orlando Magic ______________ ______________
Cleveland Cavaliers ______________ ______________
Dallas Mavericks ______________ ______________
Memphis Grizzlies ______________ ______________
Oklahoma City Thunder ______________ ______________

HISTOIRE

CHRONOPAGE

niveau de connaissances NBA

En se basant sur l'événement indiqué, saurez-vous placer les événements ci-dessous dans le bon ordre chronologique sur la frise ?

- Draft de LeBron James
- Kobe Bryant élu MVP de la saison
- Chris Paul élu rookie de l'année
- Retraite de Shaquille O'Neal
- Tony Parker MVP des Finales
- Draft de Stephen Curry
- Michael Jordan signe aux Wizards

Naissance de Victor Wembanyama (2004)

2000 · 2001 · 2002 · 2003 · 2004 · 2005 · 2006 · 2007 · 2008 · 2009 · 2010 · 2011 · 2012 · 2013 · 2014 · 2015

MAIS OÙ EST PASSÉ DENNIS ?

niveau de connaissances NBA

Dennis Schröder a joué pour 9 équipes NBA dans sa carrière.
Mais dans quel ordre a-t-il voyagé entre ces équipes ?
On vous aide avec la première équipe, « viel glück » pour le reste.

Atlanta	1. Atlanta
Brooklyn	2. …………
Boston	3. …………
Los Angeles (Lakers)	4. …………
Golden State	5. …………
Houston	6. …………
Oklahoma City	7. …………
Toronto	8. …………
Détroit	9. …………

niveau de connaissances NBA

MJ – LEBRON OU LES DEUX ?

Des accomplissements, des cases, mais où cocher ? MJ si c'est pour Michael Jordan, LBJ si c'est un fait d'armes signé LeBron James, ou les deux si Michael et LeBron partagent cet accomplissement. Pas très compliqué… sur le papier.

	MJ	LBJ	Les 2
10 finales disputées			
4 MVP de saison régulière au total			
6 MVP des finales			
10 titres de meilleur scoreur de la saison			
Plus gros total de points marqués de tous les temps			
Meilleur scoreur de l'histoire des playoffs NBA (au total)			
Meilleur scoreur de l'histoire des playoffs NBA (en moyenne)			
A assumé sa calvitie avant l'âge de 30 ans			
1 titre de meilleur passeur de la saison			
A porté les numéros 23 et le 12			
Son fils ainé a joué en NBA			
A sa propre marque de tequila			
A son maillot retiré dans deux franchises			
A tourné dans *Space Jam* et s'en est pas trop mal sorti			
Est le meilleur joueur de tous les temps			

niveau de connaissances NBA

LES MEILLEURS 5 MAJEURS

Dans ce jeu, il faut retrouver les membres des meilleurs 5 majeurs de l'histoire de la NBA à partir de leur numéro de maillot. Si si, c'est jouable !

BULLS 1996 — 9 / 23 / 33 / 91 / 13

WARRIORS 2015 — 30 / 11 / 40 / 23 / 12

CAVS 2016 — 2 / 5 / 23 / 0 / 13

CELTICS 2024 — 4 / 9 / 7 / 0 / 8

NUGGETS 2023 — 27 / 5 / 1 / 50 / 15

BUCKS 2021 — 21 / 22 / 17 / 34 / 11

LAKERS SHOWTIME 1987 — 32 / 4 / 42 / 45 / 33

niveau de connaissances NBA

DRAFT PUNK

Êtes-vous capable de retrouver le pick de draft pour chacun de ces joueurs, afin de les classer du plus haut drafté au moins haut drafté ? Attention, y a du piège !

LES INTERNATIONAUX

- Hakeem Olajuwon
- Giannis Antetokoumnpo
- Joel Embiid
- Dirk Nowitzki
- Nikola Jokic
- Pascal Siakam
- Peja Stojakovic
- Steve Nash
- Josh Giddey

LES DREAM TEAMERS

- Charles Barkley
- Chris Mullin
- John Stockton
- Karl Malone
- Patrick Ewing
- Michael Jordan
- Larry Bird
- Clyde Drexler

LES FRENCHIES

- Tony Parker
- Joakim Noah
- Frank Ntilikina
- Victor Wembanyama
- Killian Hayes
- Alex Sarr
- Tidjane Salaun
- Sekou Doumbouya
- Guerschon Yabusele

LA SPÉCIALE 2003

- Chris Bosh
- Boris Diaw
- Dwyane Wade
- Zaza Pachulia
- Carmelo Anthony
- Darko Milicic
- Mike Pietrus
- LeBron James
- Kendrick Perkins

LES BONNES TROUVAILLES

- Jimmy Butler
- Dennis Rodman
- Draymond Green
- Kobe Bryant
- Isaiah Thomas
- Jalen Brunson
- Kawhi Leonard
- Evan Fournier

niveau de connaissances NBA

MOST VALUABLE PLAYERS

Dans la liste des 20 joueurs ci-dessous, entourez les 10 joueurs qui ont déjà été élus au moins 2 fois MVP de la saison en NBA. Attention aux pièges...

GIANNIS ANTETOKOUNMPO
LEBRON JAMES
KOBE BRYANT
SCOTTIE PIPPEN
MOSES MALONE
STEVE NASH
STEPHEN CURRY
KEVIN DURANT
SHAQUILLE O'NEAL
MICHAEL JORDAN
NIKOLA JOKIC
JAMES HARDEN
LARRY BIRD
ALLEN IVERSON
MAGIC JOHNSON
HAKEEM OLAJUWON
DIRK NOWITZKI
KAWHI LEONARD
TIM DUNCAN
OSCAR ROBERTSON

niveau de connaissances NBA

10 À LA SUITE

La NBA va bientôt fêter ses 80 ans. Voici 10 questions sur son histoire, serez-vous capable de réaliser un parfait 10/10 ?

1 En quelle année la NBA a-t-elle été créée ?
a) 1944
b) 1946
c) 1948
d) 1951

2 Quel était le score final du pire match de l'histoire de la NBA, entre les Pistons et les Lakers le 22 novembre 1950 ?
a) 19 à 18 pour les Pistons
b) 24 à 20 pour les Lakers
c) 11 à 10 pour les Lakers
d) 16 à 9 pour les Pistons

3 Dans quelle ville Michael Jordan est-il né ?
a) Brooklyn
b) Chicago
c) Châteauroux
d) Los Angeles

4 Parmi ces joueurs français, qui a été drafté le plus haut pour son arrivée en NBA ?
a) Frank Ntilikina
b) Killian Hayes
c) Bilal Coulibaly
d) Tidjane Salaün

5 Quelle est la première équipe NBA à avoir utilisé des vols privés plutôt que des vols commerciaux pour ses déplacements dans les années 80 ?
a) Les New York Knicks
b) Les Boston Celtics
c) Les Detroit Pistons
d) Les Dallas Mavericks

6 En quelle année a eu lieu le tout premier match officiel de NBA en France ?
a) 1993 (Bulls - Lakers)
b) 1994 (Warriors - Hornets)
c) 1996 (Magic - Knicks)
d) 1997 (Bulls - Nets)

7 Entre 1998 et 2018, combien de fois les San Antonio Spurs ont-ils loupé les Playoffs en NBA ?
a) 0 fois
b) 1 fois
c) 2 fois
d) 3 fois

8 En quel choix Nikola Jokic a-t-il été drafté en 2014, au beau milieu d'une publicité pour Taco Bell ?
a) 36e choix
b) 41e choix
c) 44e choix
d) 49e choix

9 Combien de matchs de suspension Ron Artest a-t-il pris pour sa participation à la mythique baston « Malice at the Palace » ?
a) 86 matchs
b) 79 matchs
c) 73 matchs
d) 67 matchs

10 Quelle est la seule franchise NBA à n'avoir jamais changé de logo dans toute son histoire ?
a) Les Los Angeles Lakers
b) Les Boston Celtics
c) Les New York Knicks
d) Les Chicago Bulls

LA LUTTE FINALE

niveau de connaissances NBA

Les Finales de 2016 sont les plus incroyables de l'histoire de la NBA. Êtes-vous incollable sur le sujet ? C'est ce qu'on va voir…

1 Combien de dollars Tyronn Lue a-t-il planqué dans le plafond du vestiaire à Golden State, pour motiver ses joueurs à les récupérer après les finales ?

a) 1000 $
b) 3000 $
c) 5000 $

2 Combien de points LeBron James et Kyrie Irving inscrivent au total, lors du Game 5 de la série à Golden State ?

a) 80 points
b) 81 points
c) 82 points

3 Quel était le score total des 2 équipes au niveau des points marqués, au bout de 6 matchs joués ?

a) 610 - 610
b) 615 - 608 pour les Warriors
c) 626 - 624 pour les Cavs

4 Sur 131 votes possibles, combien Stephen Curry en a-t-il obtenu pour être élu MVP de la saison NBA 2016 ?

a) 126
b) 129
c) 131

5 Combien de téléspectateurs américains étaient devant le Game 7 de cette série entre Cavs et Warriors ?

a) 19 millions
b) 25 millions
c) 31 millions

6 À quelle vitesse allait LeBron James, lorsqu'il a réalisé « The Block » sur Andre Iguodala ?

a) 29 km/h
b) 32 km/h
c) 37 km/h

7 Quel président américain a retardé sa sortie de l'avion Air Force One, pour ne pas rater la fin du Game 7 des Finales 2016 ?

a) Donald Trump
b) Barack Obama
c) Joe Biden

QUI EST QUI ?

niveau de connaissances NBA

Pouvez-vous reconnaître les joueurs NBA ci-dessous ?
Si oui, indiquez leur nom sous leur photo. Attention à bien les écrire !

1

2

3

4

5

6

7

8

niveau de connaissances NBA

AU TABLEAU !

Voici un tableau avec les champions NBA, les finalistes, et le score de chaque finale depuis 2010. Comme vous pouvez le voir, il manque certaines cases (un peu comme dans le cerveau de Gilbert Arenas). À vous de tout remplir. Bonne chance !

	Champion	Finaliste	Score
2010	Los Angeles Lakers		4-3
2011	Dallas Mavericks	Miami Heat	
2012	Miami Heat		4-1
2013		San Antonio Spurs	4-3
2014	San Antonio Spurs	Miami Heat	4-1
2015		Cleveland Cavaliers	4-2
2016			
2017	Golden State Warriors		4-1
2018	Golden State Warriors	Cleveland Cavaliers	
2019		Golden State Warriors	4-2
2020			4-2
2021	Milwaukee Bucks		4-2
2022		Boston Celtics	
2023	Denver Nuggets	Miami Heat	
2024	Boston Celtics		4-1

DÉSOLÉ, JAMAIS JOUÉ

niveau de connaissances NBA

Un joueur, une liste avec plusieurs clubs... dont un qui s'est incrusté par mégarde.
Votre mission, si vous l'acceptez : barrez le club dans lequel le joueur n'a jamais joué.

DEMARCUS COUSINS : Kings / Pelicans / Warriors / Bulls / Lakers / Rockets / Bucks / Nuggets

RONNY TURIAF : Lakers / Warriors / Knicks / Wizards / Heat / Clippers / Wolves / Kings

RUSSELL WESTBROOK : Thunder / Rockets / Pelicans / Wizards / Lakers / Clippers / Nuggets

JOAKIM NOAH : Bulls / Knicks / Spurs / Grizzlies / Clippers

KYRIE IRVING : Cavs / Celtics / Nets / Lakers / Mavs

PAUL GEORGE : Pacers / Cavaliers / Thunder / Clippers / Sixers

LE JEU DES CARRIÈRES

niveau de connaissances NBA

Dans ce jeu, on vous a listé les clubs d'un joueur plutôt connu et/ou champion du peuple, sans vous indiquer le nom de ce joueur. À vous de le retrouver.

1 ______
Cleveland Cavaliers
Miami Heat
Cleveland Cavaliers
Los Angeles Lakers

2 ______
Chicago Bulls
Wash Wizards

3 ______
Orlando Magic
Los Angeles Lakers
Miami Heat
Phoenix Suns
Cleveland Cavaliers
Boston Celtics

4 ______
Atlanta Hawks
Phoenix Suns
Charlotte Bobcats
San Antonio Spurs
Utah Jazz

5 ______
Chicago Bulls
New York Knicks
Cleveland Cavaliers
Minnesota T'Wolves
Detroit Pistons
New York Knicks
Memphis Grizzlies

6 ______
Portland T. Blazers
Charlotte Hornets
LA Clippers
Philadelphia Sixers
LA Clippers

7 ______
Denver Nuggets
New York Knicks
OKC Thunder
Houston Rockets
Portland T. Blazers
Los Angeles Lakers

8 ______
OKC Thunder
GS Warriors
Brooklyn Nets
Phoenix Suns

9 ______
OKC Thunder
Houston Rockets
Brooklyn Nets
Philadelphia Sixers
LA Clippers

10 ______
NO Hornets
Denver Nuggets
New York Knicks
Cleveland Cavaliers
Los Angeles Lakers

CULTURE GÉNÉRALE

LE PITCH

niveau de connaissances NBA

**Voici différents pitchs de films qui tournent plus ou moins autour du basket.
À vous de retrouver le film en question.**

1. Des extraterrestres ont volé le talent de superstars NBA. Michael Jordan va s'associer aux Looney Tunes pour les battre.

2. Une IA a capturé le fils de LeBron James. Ce dernier doit battre la Goon Squad pour libérer son fils.

3. Deux joueurs de streetball font équipe pour arnaquer les joueurs les plus coriaces des terrains publics de Los Angeles.

4. Pour ne pas retourner en prison, le père d'un des joueurs les plus convoités du pays doit le convaincre d'intégrer l'équipe de basket de l'université d'État.

5. Le propriétaire d'une équipe de basket plutôt très nulle embauche un ancien joueur NBA devenu alcoolique pour les sortir de ce marasme.

LE JEU DE LA MASCOTTE

niveau de connaissances NBA

**Comment s'appellent les 6 mascottes présentées en photo ci-dessous ?
12 noms proposés, 6 à trouver, 6 à barrer, à vous de jouer !**

Harry The Hawk • Benny the Bull • Franklin the Dog • Rocky the Mountain Lion • Rumble the Bison • Blaze the Trail Cat • Stuff the Magic Dragon • Coyote the Coyote • Hugo The Hornet • Pierre The Pelican • Crunch the Wolf • Bango The Buck

1

2

3

4

5

6

FOOD TRIP

niveau de connaissances NBA

Les États-Unis, c'est aussi une histoire de food et de spécialités locales. Ci-dessous, reliez chaque ville américaine à son plat ou produit le plus typique.

Boston	Bière
New York	Cobb salad
Philadelphie	Hotdog
La Nouvelle-Orléans	Beef brisket (poitrine de bœuf effilochée)
Memphis	Sauce barbecue
Chicago	Cheesesteak sandwich
Milwaukee	Jambalaya
Dallas	Pizza « deep dish »
Los Angeles	Clam Chowder (soupe de palourdes)

COMPLÈTEMENT 2K

niveau de connaissances NBA

Référence absolue depuis l'an 2000, la série des NBA2K a mis à l'honneur un petit paquet de légendes NBA. À vous de relier chaque joueur (ou trio) à l'édition standard du jeu vidéo dont il fait la couverture. Attention, certains d'entre eux ont connu cet honneur à plusieurs reprises.

Kevin Durant	NBA 2K
Derrick Rose / Blake Griffin / Kevin Durant	NBA 2K1
LeBron James	NBA 2K2
Kobe Bryant	NBA 2K3
Kevin Garnett	ESPN NBA 2K4
Chris Paul	ESPN NBA 2K5
Shaquille O'Neal	NBA 2K6
Michael Jordan	NBA 2K7
Jayson Tatum	NBA 2K8
Luka Doncic	NBA 2K9
Allen Iverson	NBA 2K10
Paul George	NBA 2K11
Ben Wallace	NBA 2K12
Damian Lillard	NBA 2K13
Anthony Davis	NBA 2K14
Devin Booker	NBA 2K15
Giannis Antetokounmpo	NBA 2K16
Kyrie Irving	NBA 2K17
James Harden / Stef Curry / Anthony Davis	NBA 2K18
Michael Jordan / Magic Johnson / Larry Bird	NBA 2K19
	NBA 2K20
	NBA 2K21
	NBA 2K22
	NBA 2K23
	NBA 2K24
	NBA 2K25

LE BON ORDRE

niveau de connaissances NBA

Dans ce jeu, il faut remettre ces phrases célèbres dans le bon ordre. Plutôt aisé, surtout si on reste concentré.

TONY PARKER :
/ si quand tu parles / c'est que tu ne rêves pas / de ton rêve / on ne se fout pas de toi / assez grand /

CHARLES BARKLEY :
/ je sais dunker / Vos enfants / ce n'est pas parce que / que je devrais élever / un ballon /

LARRY BIRD :
/ Michael Jordan / je pense / Dieu / déguisé en / que c'était /

KOBE OR NOT KOBE

niveau de connaissances NBA

Comme son nom l'indique, ce QCM mélange des questions sur Kobe Bryant, le joueur de basket, et William Shakespeare, qui n'a jamais joué au basket mais s'y connaissait lui aussi pas mal en dramaturgie. C'est parti !

1 Kobe Bryant est né à :
a) Philadelphie
b) Los Angeles
c) Chicago
d) Milan

2 William Shakespeare est né à :
a) Stratford-upon-Avon
b) Avon-upon-Stratford
c) Sous le pont d'Avignon
d) Philadelphie

3 La femme de William Shakespeare s'appelait :
a) Anne Hathaway
b) Sophie Marceau
c) Nathalie Portman
d) Cécile de France

4 Aux débuts des années 90, Kobe Bryant a accompagné son père alors que celui-ci jouait à :
a) Nancy
b) Metz
c) Mulhouse
d) Strasbourg

5 S'il s'appelle Kobe, c'est un peu à cause d'un plat de :
a) Bœuf
b) Canard
c) Serpent
d) Pigeon

6 Laquelle de ces œuvres n'a pas écrit William Shakespeare :
a) *Othello*
b) *Macbeth*
c) *The Black Mamba*
d) *Roméo et Juliette*

7 Dans quel jardin de Londres se situe la statue de William Shakespeare ?
a) Madison Square Garden
b) Leicester Square
c) Boston Garden
d) Trafalgar Square

8 Où se situe la statue de Kobe Bryant ?
a) Sur le parvis de la crystal.fr arena
b) Sur le parvis de la nft.org arena
c) Sur le parvis de la crypto.com arena
d) Sur le parvis de la Tina arena

9 William Shakespeare était surnommé :
a) La barbe
b) Le barde
c) Le barde mamba
d) La barbe samba

niveau de connaissances NBA

LE VRAI DU FAUX

Voici 23 faits qui concernent la NBA et ses différents acteurs. Certains sont vrais, d'autres pas du tout. À vous de distinguer les vrais des faux.

PJ Washington a déjà joué à Washington.

VRAI FAUX

Duncan Robinson n'a jamais joué à San Antonio.

VRAI FAUX

Le deuxième prénom de LaMelo Ball est LaFrance.

VRAI FAUX

Le deuxième prénom de LeBron James est Raymone.

VRAI FAUX

Le deuxième prénom de Paolo Banchero est Napoléon.

VRAI FAUX

Allen Iverson a un frère, Mister, né en 2003, dont le deuxième prénom est Allen. Le frère d'Allen Iverson s'appelle donc Mister Allen Iverson.

VRAI FAUX

Ben Wallace et Rasheed sont frères.

VRAI FAUX

Steven Adams a 17 frères et sœurs.

VRAI FAUX

Lugentz Dort souffre de la maladie du sommeil.

VRAI FAUX

DeJuan Blair a disputé toute sa carrière NBA sans ligaments croisés aux deux genoux.

VRAI FAUX

Gerald Green a disputé toute sa carrière NBA avec seulement 4 doigts à sa main de shoot (la droite).

VRAI FAUX

Jrue Holiday a appelé son fils RTT.

VRAI FAUX

Dennis Rodman a voulu porter le numéro 69 mais la ligue a dit non.

VRAI FAUX

Les parents de Paul George s'appellent Paul George Sr et Paulette Ann George.

VRAI FAUX

Dominique Wilkins est né à Paris.

VRAI FAUX

Julian Champagnie est né à Reims.

VRAI FAUX

Zach LaVine est né à Bordeaux.

VRAI FAUX

Le deuxième prénom de Pelle Larsson est Rato.

VRAI FAUX

Kyle Filipowski a joué dans *South Park*.

VRAI FAUX

Gary Payton II est le fils de Gary Payton.

VRAI FAUX

DeAndre Jordan est le fils de Michael Jordan.

VRAI FAUX

Scottie Pippen Jr est le fils de Scottie Pippen.

VRAI FAUX

Khris Middleton commente des matchs de NBA sur BeIn Sports.

VRAI FAUX

LE BESTIAIRE

niveau de connaissances NBA

Plusieurs équipes NBA ont pour nom celui d'un animal. Huit pour être précis, que nous avons listés ci-dessous. À vous de les classer du moins rapide au plus rapide (en moyenne), puis du plus léger au plus lourd (toujours en moyenne).*

LISTE DES ANIMAUX CONCERNÉS :

Pur-sang (Dallas Mavericks)
Grizzly (Memphis Grizzlies)
Lion (Sacramento Kings)
Taureau (Chicago Bulls)
Frelon (Charlotte Hornets)
Loup (Minnesota Timberwolves)
Faucon (Atlanta Hawks)
Pelican (New Orleans Pelicans)

CLASSEMENT PAR VITESSE MOYENNE :

1 ____
2 ____
3 ____
4 ____
5 ____
6 ____
7 ____
8 ____

CLASSEMENT PAR POIDS MOYEN :

1 ____
2 ____
3 ____
4 ____
5 ____
6 ____
7 ____
8 ____

**On a simplifié le jeu en omettant volontairement les Raptors de Toronto, pour la bonne raison que les dinosaures sont éteints, et que les données les concernant sont donc trop aléatoires pour ce jeu…*

CELEBRITY FANS

niveau de connaissances NBA

Colonne de gauche, des célébrités. Colonne de droite, des équipes NBA. Saurez-vous relier chaque célébrité avec l'équipe NBA dont il est ultra fan ?

J Cole	Charlotte Hornets
Patrick Mahomes	Cleveland Cavaliers
Travis Scott	New York Knicks
Tiger Woods	Houston Rockets
Spike Lee	Boston Celtics
Jack Nicholson	Dallas Mavericks
Justin Timberlake	Memphis Grizzlies
Will Smith	Philadelphie Sixers
Usher	Orlando Magic
Ben Affleck	Los Angeles Lakers

PASSE ET VA

niveau de connaissances NBA

Voici 10 joueurs français, à vous d'entourer ceux qui ont participé à *Fort Boyard*, la fameuse émission de télévision.

BILAL COULIBALY

EVAN FOURNIER

TONY PARKER

VICTOR WEMBANYAMA

BORIS DIAW

NICOLAS BATUM

VINCENT POIRIER

FLORENT PIETRUS

RONNY TURIAF

JOAKIM NOAH

RAP GAME

niveau de connaissances NBA

Voici 6 punchlines de rap français qui font référence à la NBA. On vous laisse les compléter, avec la bonne réponse parmi les trois propositions.

1 Cassie Dinero (X-Men), Retour aux Pyramides (1997)

« J'ai eu mon pote Ill au fil, pour un deal, où l'on pouvait mettre pile au mille. Un plan géant comme ... »

a) Shaquille O'Neal
b) Stephen Curry
c) L'arbitre

2 Ninho, Vrai de vrai (2018)

« C'est la remontada comme les Barcelonais. Trois points, swish comme... »

a) Shaquille O'Neal
b) Stephen Curry
c) L'arbitre

3 Jok'Air, Mon bébé (2017)

« Oui j'étais dans l'erreur / Avant que tu swish dans mon cœur, comme un shoot de... »

a) Ron Harper
b) Reggie Miller
c) Shaquille O'Neal

4 Youssoupha, Alléluia / 1989 (2018)

« On perd avec honneur, polémique. Je sais c'que ça fait d'être un loser : j'suis supporter des... »

a) Sacramento Kings
b) New York Knicks
c) Shaquille O'Neal

5 Alpha Wann, Langage crypté (2018)

« L'argent soigne, fuck la pommade. Faut que le bénéf' triple, double comme... »

a) Ibaka à Oklahoma
b) Russell à Oklahoma
c) Shaquille O'Neal

6 Lino, Temps mort 2.0 (2015)

« Jaune, violet, vert : mon côté militant est sceptique. Dans ma tête, c'est... »

a) ... les Lakers contre les Celtics
b) ... les Bulls contre les Knicks
c) ... Shaquille O'Neal

L'AUTRE BOUT DU FIL

niveau de connaissances NBA

Parmi toutes ces lignes téléphoniques, une seule vous relie au General Manager des Dallas Mavericks, Nico Harrison. Et il s'agirait de ne surtout pas rater son appel, puisqu'il est prêt à vous transférer Luka Doncic...

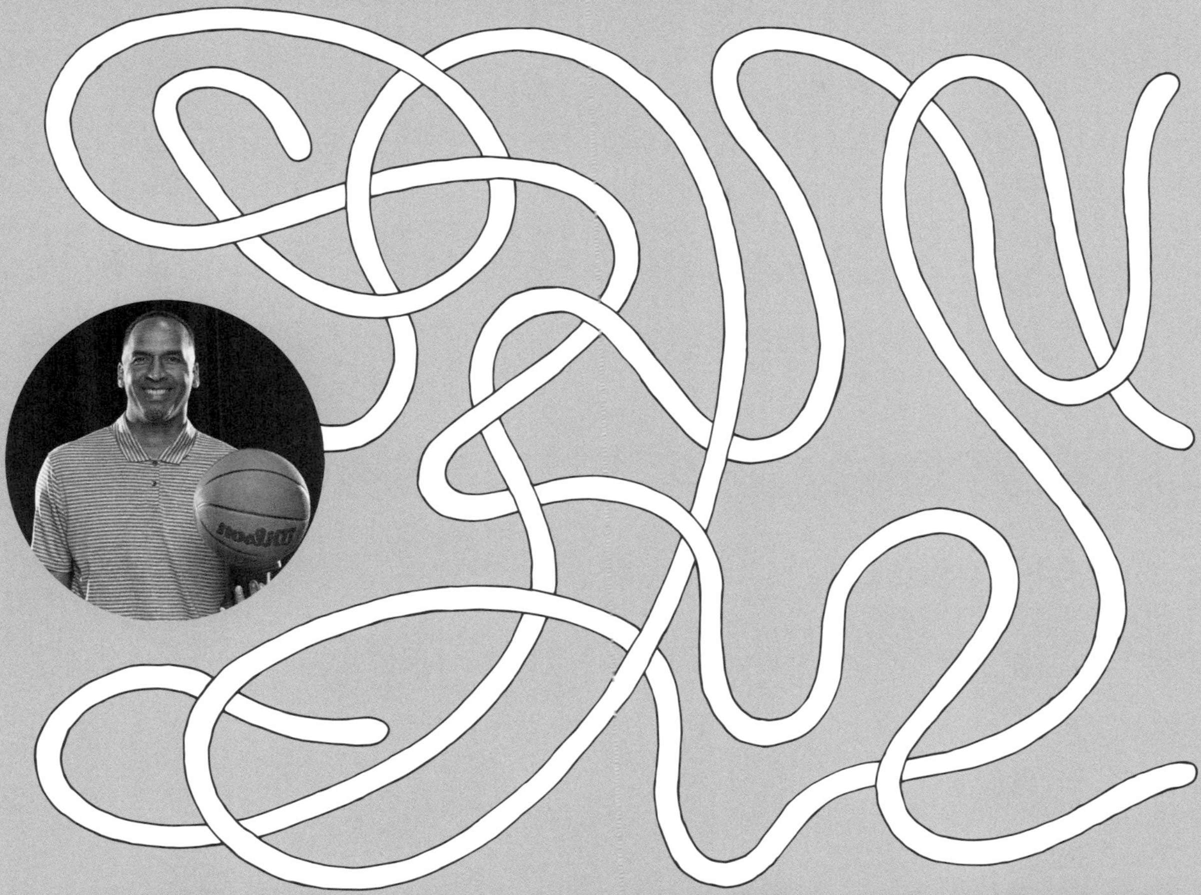

HALF TIME HALF AMAZING

niveau de connaissances NBA

Voici différentes descriptions de show proposés à la mi-temps dans les salles NBA. Certains sont vrais, d'autres non. À vous de déceler la vérité.

Assise sur un monocycle géant, une jongleuse, surnommée Red Panda, jette avec son pied des assiettes qu'elle réceptionne parfaitement sur sa tête.

VRAI FAUX

Des bébés sont placés au sol. Face à eux, leurs parents leur tendent les bras. Le premier bébé arrivé a gagné.

VRAI FAUX

Un acrobate, du nom d'Amazing Zladek, monte sur des chaises empilées les unes sur les autres.

VRAI FAUX

Accompagné de son chien, Scooby, Christian Stoinev multiplie les exercices de jonglerie ou d'acrobaties.

VRAI FAUX

La mascotte locale tire du milieu de terrain en tournant le dos au panier et, en général, le met.

VRAI FAUX

Un homme pose différents objets en équilibre sur son menton, d'un escabeau à un barbecue en passant par une table de camping.

VRAI FAUX

LE JEU DES RÔLES

niveau de connaissances NBA

Reliez ces différents chefs-d'œuvre du cinéma avec le joueur NBA qui y joue un rôle, avec plus ou moins de succès.

Thunderstruck	Kevin Garnett
Blue Chips	LeBron James
Uncut Gems	Kareem Abdul Jabbar
Y a-t-il un pilote dans l'avion ?	Ray Allen
He Got Game	Kevin Durant
Like Mike	Dennis Rodman
Double Team	Shaquille O'Neal
Crazy Amy	Dirk Nowitzki

LE GRAND SAUT

niveau de connaissances NBA

Parmi cette liste de 12 légendes féminines du basketball français, 10 ont effectué le grand saut pour tenter leur chance en WNBA. Entoure-les !

ISABELLE YACOUBOU

CÉLINE DUMERC

SANDRINE GRUDA

EMILIE GOMIS

ISABELLE FIJALKOWSKI

EDWIGE LAWSON-WADE

MARINE JOHANNES

VALÉRIANE AYAYI

GABBY WILLIAMS

MARINE FAUTHOUX

ILLANA RUPERT

AUDREY SAURET

THE LAST DANCE

niveau de connaissances NBA

Pour certains, le confinement était synonyme d'isolement. Pour nous, accros à la NBA, il était surtout synonyme de régalade avec* The Last Dance*, la série-documentaire sur le dernier titre de Michael Jordan et des Chicago Bulls. Pour se rappeler ce moment particulier, voici un QCM entièrement consacrée à cette dernière danse.

1 Combien d'épisodes composent *The Last Dance* ?
a) 6
b) 8
c) 10

2 Comment s'appelle le General Manager de l'époque des Chicago Bulls ?
a) Jerry Krause
b) Jerry Seinfeld
c) Jerry Maguire

3 Avant de rejoindre les Bulls, Dennis Roman faisait partie de leurs ennemis jurés, les Detroit Pistons. Quel était le surnom de cette équipe ?
a) Les Mad Boys
b) Les Sad Boys
c) Les Bad Boys

4 Comment s'appelle l'entraîneur des Chicago Bulls lors de la saison 1997/1998 ?
a) Doug Collins
b) Phil Collins
c) Phil Jackson

5 Lors de sa première retraite, à l'été 1993 suite à la disparition de son père, Michael Jordan choisit de se lancer dans un nouveau sport. Lequel ?
a) Le handball
b) Le baseball
c) Le lonzoball

6 Toni Kukoc, le sixième homme de luxe de ces Chicago Bulls était, avant de traverser l'Atlantique, une véritable star en Europe. Il avait d'ailleurs un surnom assez stylé…
a) L'Inspecteur Gadget
b) La Panthère Rose
c) Toni le Tigre

7 Lors de la pré-saison, les Bulls disputent des matchs de pré-saison en Europe, lors de l'Open McDonalds. Dans quelle ville se déroule ce tournoi ?
a) Châteauroux
b) Villeneuve-d'Ascq
c) Paris

JUST BLAZES

niveau de connaissances NBA

Parmi tous ces noms (il faut l'avouer assez funky), 10 sont ceux de joueurs qui n'ont jamais joué en NBA. Qui s'est incrusté ? Entourez-les !

KENDRICK LAMAR
CARL LEWIS
MICHAEL JACKSON
SHAWN CARTER
LONGAR LONGAR
DISNEY CHANNEL
TUPAC DEBIER
DIAMOND STONE
WAH WAH JONES
DRAGAN BENDER
POPEYE JONES
JUSTIN BRIDOW
UWE BLAB
WORLD B FREE
FAT LEVER
CHILDISH GAMBINO
OBI WAN KENOBI
DAVID EGOLIATH
SPEEDY CLAXTON
DO IT YOURSELF
DJ STRAWBERRY
GEORGIOS PAPAGIANNIS
JIZEL KNOWLES

ARTS PLASTIQUES

THE WAY OF WADE

Dwyane Wade s'est perdu en chemin, aide-le à retrouver sa magnifique statue !

LE JEU DES SEPT DIFFÉRENCES

Un classique. Sept différences se sont glissées entre ces deux photographies.
À vous de toutes les retrouver.

OÙ EST POP ?

niveau de connaissances NBA

Impossible de retrouver Gregg Popovich... peux-tu nous aider ? Il est caché quelque part dans cette photo.

DE LA BONNE CAM

niveau de connaissances NBA

Dans les salles NBA, la tradition de l'écran géant est bien ancrée. Filmer le public en train de faire n'importe quoi, c'est la base du divertissement américain. Mais s'il existe une grande variété de séquences filmées dédiées au public, saurez-vous trouver le bon nom pour chacun des exemples ci-dessous ?

1 Faire un bisou à son voisin ou sa voisine ?

a) La kiss cam
b) La french kiss cam
c) La zoubi cam

2 Lever son enfant bébé comme s'il allait être couronné ?

a) La baby cam
b) La Lion King cam
c) La Jesus cam

3 Se déhancher au rythme de la musique ?

a) La dance cam
b) La zouk cam
c) La gogo cam

4 Être filmé alors qu'on porte un maillot de l'équipe adverse ?

a) La KD cam
b) La fake fan cam
c) La bandwagon cam

5 Passer sur l'écran géant parce qu'on ressemble à une célébrité ?

a) La celebrity look-alike cam
b) La sosie cam
c) La « It's me ! » cam

6 Montrer sa chaussure à l'écran géant ?

a) La fresh cam
b) La sneakers cam
c) La snickers cam

PIX AND POP

niveau de connaissances NBA

Un peu de détente. Amusez-vous à reproduire ces logos sur la grille. Essayez quand même de faire en sorte que ça soit un minimum ressemblant !

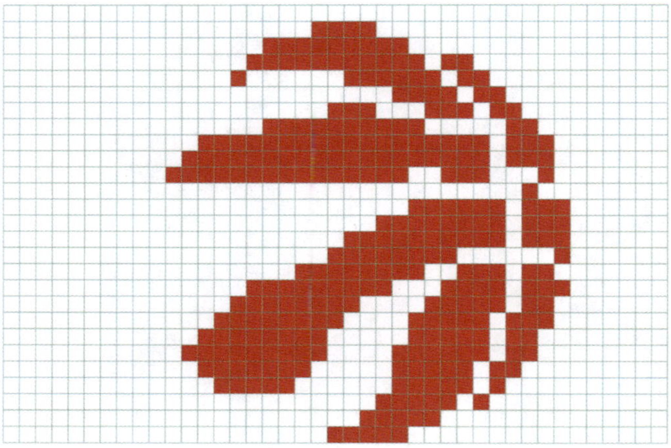

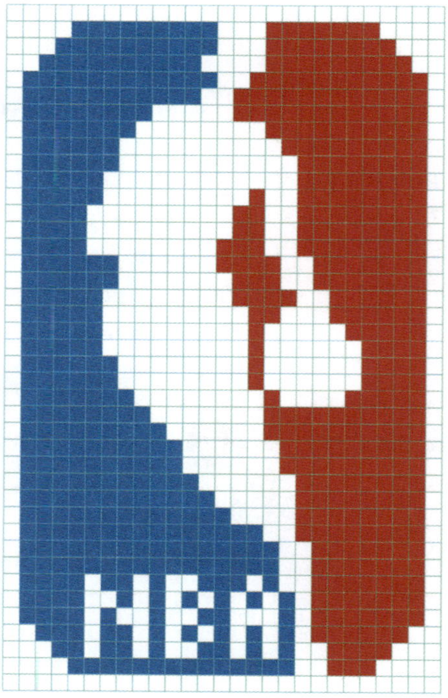

niveau de connaissances NBA

LA BONNE OMBRE

Vous avez reconnu le fameux shoot sur une jambe de Dirk Nowitzki ? Très bien, mais quelle est la bonne ombre parmi les quatre proposées ?

1

2

3

4

niveau de connaissances NBA

LES TROIS BALLONS

Choisissez trois sacs de ballons pour avoir trois ballons de chaque sorte dans chaque filet à la fin du jeu.

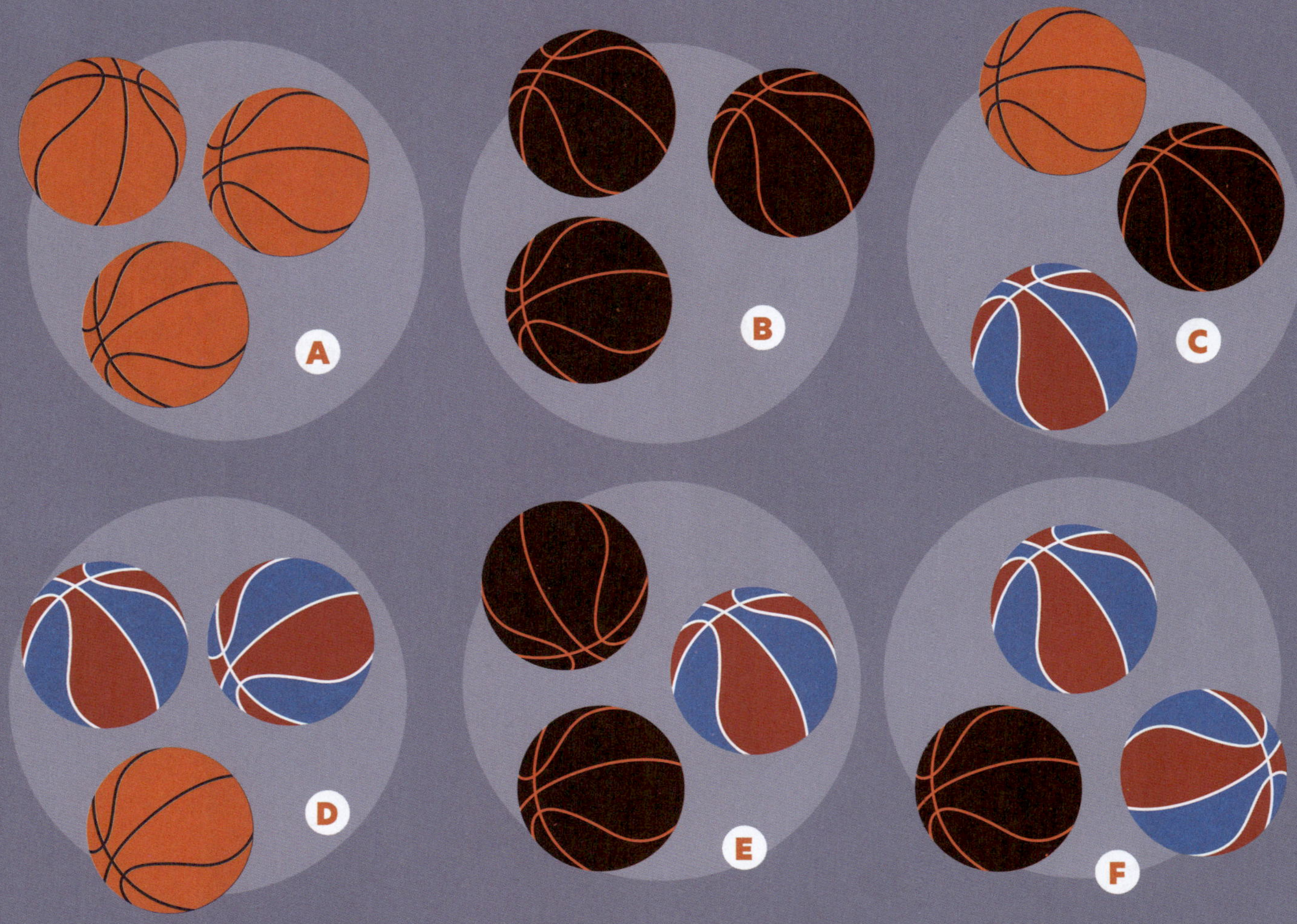

niveau de connaissances NBA

LE CODE DU PÈRE CASTOR

Décode cette phrase et découvre ce que veut te dire le Père Castor.

SIGNATURE MOVES

Des photos, des gestes historiques et iconiques : à vous d'associer la photo qui va avec le bon move !

Le Crossover • Le Ice in my Veins • Le Skyhook • Le Night Night • Le Fadeaway

1

2

3

4

5

DESSINEZ, C'EST DUNKÉ !

Savez-vous vraiment dessiner ? Si oui, montrez vos talents en reproduisant la photo de ce dunk mythique d'Aaron Gordon !

SOLUTIONS

FRANÇAIS

Page 5

Expression mystère : C'est la France, frère !

C	B	A	E	S	T	L	A	C	A	R	F
R	A	A	N	N	C	L	E	O	F	E	R
E	T	R	E	I	B	U	Y	R	G	I	U
Q	U	M	R	I	K	L	H	D	O	N	D
U	M	I	C	V	E	I	N	I	B	R	E
A	X	Y	M	S	X	F	L	N	E	U	C
E	L	E	S	U	B	A	Y	I	R	O	O
E	D	O	H	J	X	F	G	E	T	F	L
C	L	E	S	S	O	R	T	R	J	N	O
T	H	A	M	A	Y	N	A	B	M	E	W
I	T	L	G	H	S	T	R	A	Z	E	L
E	L	C	O	U	L	I	B	A	L	Y	B

Page 6

ILS ONT CHANGÉ DE NOM

Lew Alcindor : Kareem Abdul-Jabbar • Olivier Saint Jean : Tariq Abdul-Wahad • Ron Artest : Metta World Peace • Enes Kanter : Enes Freedom • Patrick Mills : Patty Mills • Chris Jackson : Mahmoud Abdul-Rauf • Brian Williams : Bison Dele.

DES CHIFFRES EN LETTRES

1. Quatre-vingt-un ; 2. Mille neuf cent quatre-vingt-dix-huit ; 3. Trente-neuf mille douze ; 4. Deux cent vingt et un, deux, vingt et un ; 5. Soixante-dix-sept, soixante-treize.

page 7

LE JEU DES 7 (NOMS DE) FAMILLES

Williams	Jason	Buck	Walt	Deron	Jaylin
James	LeBron	Jerome	Mike	Bronny	Damion
Robinson	Mitchell	David	Eddie	Cliff	Duncan
Miller	Reggie	Brandon	Oliver	Brad	Andre
Smith	Kenny	Steve	Josh	Jabari	J.R. (aka Gérard)
Johnson	Larry	Magic	Earvin	Joe	Jalen
Thomas	Tim	Cam	Isiah	Isaiah	Kurt

Ô BROTHER

Les frères (jumeaux) Grant : Horace & Harvey • Les frères (jumeaux) Thompson : Ausar & Amen • Les frères (jumeaux) Morris : Marcus & Markieff • Les frères Holiday : Justin, Jrue & Aaron • Les frères Plumlee : Mason & Miles • Les frères Curry : Stef & Seth • Les frères Antetokounmpo : Giannis, Kostas & Thanasis • Les frères Hernangomez : Juancho & Willy • Les frères (jumeaux) Lopez : Brook & Robin • Les frères (jumeaux) Martin : Caleb & Cody • Les frères McDaniels : Jalen & Jaden • Les Splash Brothers : Stef & Klay.

Page 8

Page 9
LES COMMENTAIRES À TROUS
1. Le shoot de Ray Allen : « Rebound **Bosh**, back **out** to Allen, his three pointer **bang** ! » ; **2. Le shoot mythique de Thomas Heurtel** : « Oh c'est gonflé... C'est **gonflé**... Oh **maman** ce shoot de Thomas **Heurtel** à 3 points, qui donne **8 pts d'avance** à l'équipe de France avec une minute à **jouer**. Thomas Heurtel, donne-moi ton short !! » ; **3. LE dunk de Vince Carter :** « Oh tatatatataattatatataatatatatatatata. Le dunk des **Jeux** Olympiques !! Peut-être même le dunk de **l'année**, même meilleur qu'en **NBA** ! C'est incroyable ce que l'on vient de voir **messieurs dames** !! » ; **4. Le block de LeBron :** « Iguodala to **Curry**, back to Iguodala, up for a lay-**up** ?! WOAH !! **BLOCKED** BY JAMES !! LeBron James with the **rejection** !! » ; **5. Le shoot de Stef Curry depuis le parking :** « They do have a **timeout**, decide not to use it. **Curry**, way **downtown**. Bang ! **Bang** ! Oh, what a shot by Curry ! » ; **6. Le contre de Nicolas Batum** : « Contré !! Le **contre** de **Batum** !! On a gagné ! On a gagné sur ce contre de Batum. La **France** a gagné Richard ! On est en **finale**. On est en finale 90-**89** !!! Incroyable fin de match. Incroyable contre de Nicolas Batum, le **capitaine**, qui a contré Prepelic. »

VENI VIDI VICIC
Nikola Jokic ; Luka Doncic ; Vladimir Radmanovic ; Peja Stojakovic ; Goran Dragic ; Nicola Vujacic ; Rasha Nestrovic ; Bojan Bogdanovic ; Bogdan Bogdanovic ; Vasilije Micic ; Boban Marjanovic ; Nikola Topic ; Dario Saric ; Drazen Petrovic ; Nikola Pekovic.

Page 10
ÉQUIPES ÉQUIPES ÉQUIPES
Les voiliers (Clippers) de Los Angeles ; Les pépites (Nuggets) de Denver ; Les pionniers (Trail Blazers) de Portland ; Les pantacourts (Knickerbockers) de New York ; Les dissidents (Mavericks) de Dallas ; Les loups de la forêt (Timberwolves) du Minnesota ; Les éperons (Spurs) de San Antonio ; Les gens nés en 76 (Seventy Sixers) de Philadelphie ; Les sorciers (Wizards) de Washington.

À QUI SONT CES SURNOMS ?
La Vérité (The Truth) : Paul Pierce • Chocolat Blanc (White Chocolate) : Jason Williams • Le Facteur (The Mailman) : Karl Malone • La Faucheuse Maigre (The Slim Reaper) : Kevin Durant • L'homme fourmi (Ant-Man) : Anthony Edwards • La Barbe (The Beard) : James Harden • Bac à glaçons (Ice Tray) : Trae Young.

Page 11
SPELL JAM
1. LeBron James ; 2. Giannis Antetokounmpo ; 3. Rondae Hollis-Jefferson ; 4. Shai Gilgeous-Alexander ; 5. Damian Lillard ; 6. Dirk Nowitzki ; 7. James Harden ; 8. Dwyane Wade ; 9. Jaylen Brown ; 10. Victor Wembanyama ; 11. Luka Doncic ; 12. Jonas Valenciunas ; 13. Jalen Brunson.

Page 12
ET SI C'ÉTAIT VRAI ?
Les phrases prononcées par Kyrie Irving, Jason Kidd, Drew Gooden, Doug Collins, Charles Shackleford, Shaquille O'Neal et Chuck Nevitt sont malheureusement vraies.

Page 13
LA REAL DICTÉE
Et en dernier, j'aimerais **remercier** ma mère... Je ne pense pas que tu sais ce que tu as **fais**, tu as eu mon frère quand tu **avais** 18 ans, puis **moi** trois ans plus tard... On était coincés, les chances étaient contre nous. Mère toute seule à 21 ans avec deux enfants, tout le monde nous a dit qu'on **n'avait** rien à faire ici, on a bougé d'appartement en appartement par nous-mêmes... Un des **meilleurs** souvenirs que j'ai, c'est quand on est **arrivé** dans notre premier appartement, y'avait pas de lit, pas de meubles, et on s'est juste rassemblé dans le salon et on s'est **serré** dans les bras. Parce que c'est... c'est à ce moment-là qu'on s'est dit on y était **arrivés**.
Et quand quelque chose de positif vous arrive, je ne sais pas pour vous mais personnellement je regarde en arrière afin de voir ce qui m'a **permis** d'arriver jusqu'ici. Et... tu me réveillais au milieu de la nuit en plein été pour me faire **courir** sur la **colline**, me faire faire des pompes, me crier dessus au bord du **terrain** à 8 ou 9 ans... On n'était pas censés en **arriver** là, tu nous as fait croire en nous, tu nous as gardé hors des dangers de la rue, mis des fringues sur nous et de quoi manger sur la table... Quand tu ne **mangeais** pas, tu **faisais** attention à ce qu'on mange, quitte à ce que tu te couches avec la **faim** au ventre.
Tu t'es sacrifiée pour nous... c'est toi le **vrai** MVP.

C'EST AVEC STYLE
Allitération : « La balle de basket-ball est entre les belles mains de Bol Bol. » • **Apostrophe** : « Ô Michael Jordan, suspends ton vol » • **Euphémisme** : « 2 sur 19 aux shoots et 7 ballons perdus, ce n'était pas le meilleur match d'Anthony Edwards. » • **Oxymore** : « Iverson, ce petit géant des parquets. » • **Hyperbole** : « Les Los Angeles Lakers sont la meilleure équipe sportive de l'univers. »

MATHS

Page 15

PAY THE BEAL

Le NBA League Pass : 93 secondes. La Nintendo Switch oled **:** 221,5 secondes. Le vol aller-retour Phoenix - Tokyo : 10 minutes. Le scooter Vespa : 55 minutes. La villa avec piscine dans le Luberon : 10 jours. L'appartement avec vue sur la Tour Eiffel : 27 jours. Le yacht : 4 ans et demi.

PAR ICI LES BAGOUSES

Joueurs de légende	Nombres de titres NBA
Bill Russell	11
Robert Horry	7
Michael Jordan	**6**
Scottie Pippen	6
Kareem Abdul-Jabbar	6
Magic Johnson	5
Dennis Rodman	5
Kobe Bryant	5
Tim Duncan	5
Shaquille O'Neal	4
Tony Parker	4
LeBron James	4
Stef Curry	4
Larry Bird	3
Dwyane Wade	3
Hakeem Olajuwon	2

Page 16

CHAMPIONS ET RATIO

Quelle équipe a perdu le plus de finales ? **Lakers.**
Quelle équipe possède le pire pourcentage victoire/défaite en finale ? **Knicks, 2 sur 8.**
Quelle équipe possède le meilleur pourcentage victoire/défaite en finale ? **Bulls, 6 sur 6**.
Quelle est la seule équipe pile à l'équilibre ? **Rockets, 4 finales, 2 victoires, 2 défaites.**
Quel est le pourcentage de victoires des Sixers en finale ? **33 %.**
Sur ces 11 équipes, combien ont plus de victoires que de défaites en finale ? **6...**
Vrai ou faux : les Celtics et Lakers ont plus de titres à eux deux que les 9 autres équipes du tableau ? **Vrai.**

DALLAS ET JOKER

1/5, soit 20 %. En fait, seuls les 4 As et le joker interviennent dans le calcul. Une fois les 48 autres cartes éliminées, c'est assez simple. Vous disposez de 5 cartes, et l'une d'entre elles doit être la dernière retournée. Vous avez donc tout simplement une chance sur 5 qu'il s'agisse du Joker.

Page 17

CONVERSION/RECONVERSION

Michael Jordan 6 pieds 6 pouces = 1,98 m.
LeBron James 6 pieds 9 pouces = 2,06 m.
Nikola Jokic 6 pieds 11 pouces = 2,11 m.
Luka Doncic 2,01 m = 6 pieds et 7 pouces.
Victor Wembanyama 2,21 m = 7 pieds et 3 pouces.
Tony Parker 1,88 m = 6 pieds et 2 pouces.
Luka Doncic sur la tête de Victor Wembanyama (4,22 m) = 13 pieds et 10 pouces.

ALL IN THE BOX SCORE

Combien de points a mis Gabby Williams ? **19.**
Qui est la meilleure passeuse française du match ? **Marieme Badiane.**
Combien de lancers-francs ont raté les Françaises ? **0.**
Combien ont-elles inscrit de shoots à 2 points ? **16.**
Quel est le pourcentage final des Françaises à 3 points ? **7/36 donc 19,4 %.**
Combien de rebonds offensifs les Françaises ont-elles pris au total ? **16.**

Page 18

JET LAG

1. Les Spurs arriveront à 18 h 50 à Miami. **2.** Les Knicks arriveront à 2 h 10 du matin à Dallas. **3.** Les Kings arriveront à Oklahoma City à 7 h, bravo Malik Monk. **4.** S'ils partent en voiture, les Pistons seront à 13 h 30 à Chicago ; à 10 h 25 s'ils prennent l'avion.

Page 19

HIGH SCORE

1. Quel est l'écart exact de points entre Kareem Abdul-Jabbar et Karl Malone ? **1459. 2.** Entre Kobe Bryant et Michael Jordan ? **1351.**
3. Entre Wilt Chamberlain et Shaquille O'Neal ? **2823.**
4. Combien de points sépare le total de Boris Diaw additionné à celui de Joakim Noah du total de points de Dirk Nowitzki ? **16540.**
Question bonus : 12819 points séparent TP et MJ. Il faudrait donc 641 matchs à 20 points de moyenne pour que Tony Parker rattrape Michael Jordan au total de points en carrière. Quand même.

DES CHIFFRES ET DES MAILLOTS

1000
23 x 23 = 529
529 x 2 = 1058
1058 - 55 - 3 = 1000

500
7 + 8 = 15
15 x 24 = 360
10 x 14 = 140
360 + 140 = 500

2024
51 + 35 + 15 = 101
20 x 101 = 2020
2020 + 4 = 2024

1992
33 x 34 = 1122
42 x 20 = 840
840 + 30 = 870
1122 + 870 = 1992

Page 20

Page 20
CHICAGO BOULES

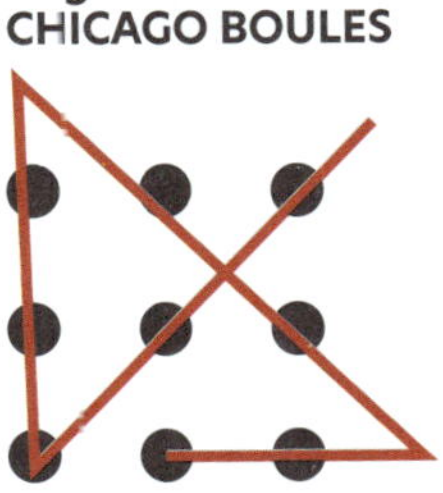

ALLÔ HOUSTON, ON A UNE ÉNIGME
C'est Sengun !
Maison 1 : jaune, Steven Adams, eau, crabe, chats.
Maison 2 : bleu, Fred Van Fleet, thé, hotdog, cheval.
Maison 3 : rouge, Dillon Brooks, sirop d'érable, pancakes, oiseaux.
Maison 4 : verte, Alperen Sengun, café, kebab, poisson.
Maison 5 : blanc, Jock Landale, bière, tarte, chiens.

Page 21
QUI JOUE QUI ?
1. Au total, combien de matchs les Celtics jouent dans leur propre division ? **16.**
2. Combien de matchs le Thunder va jouer face aux Raptors ? **2.**
3. Combien de matchs les Sacramento Kings vont jouer contre les Los Angeles Lakers ? **4.**
4. Combien de matchs auront lieu entre Dallas et les Bulls ? **2.**
5. Combien de fois les Knicks et les Nets vont-ils s'affronter ? **4.**
6. Combien de fois les Knicks et les Houston Rockets vont-ils s'affronter ? **2.**
7. Les Spurs vont-ils jouer plus de matchs contre les Sixers ou les Blazers ? **Les Blazers.**

LES BONNES DIMENSIONS
1. Quelle est la surface d'un terrain NBA ? (surface = longueur x largeur)
28,65 x 15,24 = **436,1688 m^2**
2 . Quelle est la surface de la raquette ?
5,79 x 4,88 = **28,2552 m^2**
3. Quel est le diamètre du rond central ?
1,83 x 2 = **3,66 m**
4. Combien ai-je parcouru de mètres si je fais 10 tours de terrain ?
(28,65 + 28,65 + 15,24 + 15,24) x 10 = **877,8 m**

GÉOGRAPHIE

Page 23
AROUND THE WORLD
Zaza Pachulia, Géorgie • Nikola Jokic, Serbie • Jakob Pöltl, Autriche • Kristaps Porzingis, Lettonie • Dikembe Mutombo, Congo • Danilo Gallinari, Italie• Lauri Markkanen, Finlande • Rui Hachimura, Japon • Domantas Sabonis, Lituanie • Nikola Vucevic, Montenegro • Steven Adams, Nouvelle-Zélande • Luka Doncic, Slovénie • Clint Capela, Suisse • Alperen Sengun, Turquie • Jamal Murray, Canada.

AVIS À LA POPULATION
Dans l'ordre : New York City 8,258 millions d'habitants ; Los Angeles 3,821 millions d'habitants ; Toronto 3,026 millions d'habitants ; Chicago 2,664 millions d'habitants ; Houston 2,314 millions d'habitants ; Phoenix 1,65 million d'habitants ; Philadelphia 1,551 million d'habitants ; San Antonio 1,495 million d'habitants ; Dallas 1,303 million d'habitants ; Charlotte 911 311 habitants ; Indianapolis 879 293 habitants ; San Francisco 808 988 habitants ; Denver 716 577 habitants ; Oklahoma City 702 767 habitants ; Washington, D.C. 678 972 habitants ; Boston 653 833 habitants ; Detroit 633 218 habitants ; Portland 630 498 habitants ; Memphis 618 639 habitants ; Milwaukee 561 385 habitants ; Sacramento 526 384 habitants ; Atlanta 510 823 habitants ; Miami 455 924 habitants ; Minneapolis 425 115 habitants ; New Orleans 364 136 habitants ; Cleveland 362 656 habitants ; Orlando 320 742 habitants ; Salt Lake City 209 593.

Page 24
LE JEU DES NAISSANCES
Version US
Jayson Tatum, Saint-Louis, Missouri • LeBron James, Akron, Ohio • Stephen Curry, Akron, Ohio • Kevin Durant, Washington D.C. • Larry Bird, West Baden Spring, Indiana • Kobe Bryant, Philadelphie, Pennsylvanie • Kevin Garnett, Greenville, North Carolina • Ray Allen, Castle Air Force Base, Merced, Californie • Carmelo Anthony, Brooklyn, New York • Anthony Edwards, Atlanta, Georgia • Ja Morant, Dalzell, South Carolina.
Version internationale
Pascal Siakam, Douala • Patrick Ewing, Kingston • Yao Ming, Shanghai • Dirk Nowitzki, Wurtzbourg • RJ Barrett, Toronto • Giannis Antetokounmpo, Zografu • Joël Embiid, Yaoundé • Franz Wagner, Berlin • Jonas Valanciunas, Utena • Simone Fontecchio, Pescara.
Version française
Joakim Noah, New York • Tony Parker, Bruges • Nicolas Batum, Lisieux • Boris Diaw, Corneilles-en-Parisis • Victor Wembanyama, Le Chesney • Mathias Lessort, Fort-de-France, Martinique • Isaiah Cordinier, Créteil • Theo Maledon, Rouen • Vincent Poirier, Clamart • Evan Fournier, Saint-Maurice • Rudy Gobert, Saint-Quentin • Tariq Abdul Wahad, Maisons-Alfort • Antoine Rigaudeau, Cholet.

Page 25
À LA CARTE

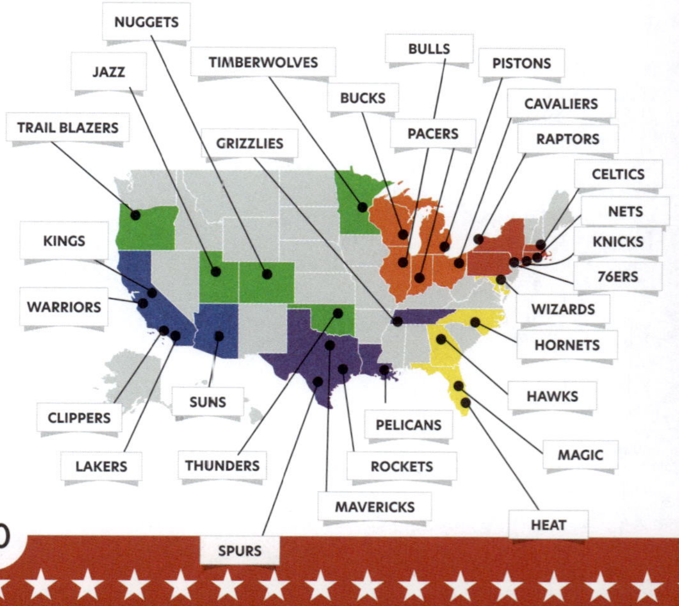

Page 26
PARIS DAKAR
Paris - New York : 5836 km • Luxembourg - Washington : 6373 km • Berlin - Indianapolis : 7172 km • Marne la Vallée - Orlando : 7238 km • Dallas - Francfort : 8251 km • Buenos Aires - San Antonio : 8265 km • Tokyo - Sacramento : 8825 km • Moscou - Miami : 9217 km • Madrid - Los Angeles : 9357 km • Lagos - Houston : 10478 km.

GÉNÉALOGIQUE
1. Atlanta Hawks ; 2. Brooklyn Nets ; 3. Washington Wizards ; 4. Utah Jazz ; 5. Sacramento Kings ; 6. Philadelphia 76ers ; 7. Oklahoma City Thunder ; 8. Los Angeles Clippers.

Page 27
LA RONDE DES PLAYGROUNDS
3D Basketball Court, situé à 624 km de Paris ; Le Bijou, à 1 935 km ; The Cage, à 5 810 km ; Rucker Park, à 5 821 km ; Susquehanna, à 5 960 km ; MacGregor Park, à 8 083 km; Venice Beach, à 9 096 km ; Tenement Court, à 10 748 km.

FRENCH TOUCH
Tony Parker : ASVEL ; Nicolas Batum : Nancy ; Ronny Turiaf : ASVEL ; Boris Diaw : Bordeaux, en Pro B ; Ian Mahinmi : Le Havre ; Alexis Ajinca : Hyères-Toulon ; Pape Sy : Gravelines.

Page 28
EUROS STARS
Dans l'ordre, les joueurs à retrouver sont Dominique Wilkins, Manu Ginobili, Rudy Fernandez, Allen Iverson, Nikola Mirotic, Deron Williams, Luka Doncic, Mike James, Amare Stoudemire, Elie Okobo, Guerschon Yabusele.

LES CHINEURS
Al Harrington : Fujian Sturgeons ; Stephon Marbury : Beijing Ducks (entre autres, Stephon a aussi évolué au Shanxi Zhongyu, au Foshan Dralions et au Beikong Fly Dragons) ; JR Smith : Zhejiang Golden Bulls ; Chris Andersen : Jiangsu Dragons ; Gilbert Arenas : Shanghai Sharks ; Metta World Peace : Sichuan Blue Whales ; Tracy McGrady : Qingdao Eagles.

Page 29
GÉOPARDY
Villes qui ont accueilli un match NBA : Mexico City, Milan, Berlin, Yokohama, Séville, Tokyo, Monterrey, Londres, Barcelone, Guangzhou, Manchester, Rome, Shanghai, Pékin, Saitama, Abu Dhabi, Madrid.
Villes qui n'ont jamais accueilli un match de NBA : Lisbonne, Rio de Janeiro, Bruxelles.

DANS QUEL ÉTAT J'ÈRE
Golden State Warriors : San Francisco Warriors • Minnesota Timberwolves : Minneapolis Timberwolves • Utah Jazz : Salt Lake City Jazz • Indiana Pacers : Indianapolis Pacers Chicago Bulls : Illinois Bulls • Milwaukee Bucks : Wisconsin Bucks • Boston Celtics : Massachusetts Celtics • Sacramento Kings : California Kings • New Orleans Pelicans : Louisiana Pelicans • Atlanta Hawks : Georgia Hawks • Phoenix Suns : Arizona Suns • Orlando Magic : Florida Magic • Cleveland Cavaliers : Ohio Cavaliers • Dallas Mavericks : Texas Mavericks • Memphis Grizzlies : Tennessee Grizzlies • Oklahoma City Thunder : Oklahoma Thunder

HISTOIRE

Page 31
CHRONOPAGE
Michael Jordan signe aux Wizards (2001) ; Draft de LeBron James (2003) ; Chris Paul élu rookie de l'année (2005) ; Tony Parker MVP des Finales NBA (2007) ; Kobe Bryant élu MVP de saison (2008) ; Draft de Stephen Curry (2009) ; Retraite de Shaquille O'Neal (2011).

MAIS OÙ EST PASSÉ DENNIS ?
Atlanta (indiqué), Oklahoma City, Los Angeles (Lakers), Boston, Houston, Toronto, Brooklyn, Golden State, Détroit.

Page 32
MJ - LEBRON OU LES DEUX ?

	MJ	LBJ	LES DEUX
10 finales disputées		X	
4 MVP de saison régulière au total		X	
6 MVP des finales	X		
10 titres de meilleur scoreur de la saison	X		
Plus gros total de points marqués de tous les temps		X	
Meilleur scoreur de l'histoire des playoffs NBA (au total)		X	
Meilleur scoreur de l'histoire des playoffs NBA (en moyenne)	X		
A assumé sa calvitie avant l'âge de 30 ans	X		
1 titre de meilleur passeur de la saison		X	
A porté les numéros 23 et le 12	X		
Son fils aîné a joué en NBA		X	
A sa propre marque de Tequila			X
A son maillot retiré dans deux franchises	X		
A tourné dans ***Space Jam*** et s'en est pas trop mal sorti			X
Est le meilleur joueur de tous les temps	X	X	X

Page 33
LES MEILLEURS 5 MAJEURS
Bulls 1996
9 / 23 / 33 / 91 / 13
Harper / Jordan / Pippen / Rodman / Longley
Warriors 2015
30 / 11 / 40 / 23 / 12
Curry / Thompson / Barnes / Green / Bogut
Cavs 2016
2 / 5 / 23 / 0 / 13
Irving / Smith / James / Love / Thomspon
Celtics 2024
4 / 9 / 7 / 0 / 8
Holiday / White / Brown / Tatum / Porzingis
Nuggets 2023
27/ 5 / 1 / 50 / 15
Murray / Caldwell-Pope / Porter Jr / Gordon / Jokic
Bucks 2021
21 / 22 / 17 / 34 / 11
Holiday / Middleton / Tucker / Antetokounmpo / Lopez
Lakers Showtime 1987
32 / 4 / 42 / 45 / 33
Johnson / Scott / Worthy / Green / Abdul-Jabbar

DRAFT PUNK

Les internationaux
Hakeem Olajuwon (1)
Joel Embiid (3)
Josh Giddey (6)
Dirk Nowitzki (9)
Peja Stojakovic (14)
Giannis Antetokounmpo (15)
Steve Nash (15)
Pascal Siakam (27)
Nikola Jokic (41)

Les Frenchies
Victor Wembanyama (1)
Alex Sarr (2)
Tidjane Salaun (6)
Killian Hayes (7)
Frank Ntilikina (8)
Joakim Noah (9)
Sekou Doumbouya (15)
Guerschon Yabusele (16)
Tony Parker (28)

La spéciale 2003
LeBron James (1)
Darko Milicic (2)
Carmelo Anthony (3)
Chris Bosh (4)
Dwyane Wade (5)
Mike Pietrus (11)
Boris Diaw (21)
Kendrick Perkins (27)
Zaza Pachulia (42)

Les Dream Teamers
Patrick Ewing (1)
Michael Jordan (3)
Charles Barkley (5)
Larry Bird (6)
Chris Mullin (7)
Karl Malone (13)
Clyde Drexler (14)
John Stockton (16)

Les bonnes trouvailles
Kobe Bryant (13)
Kawhi Leonard (15)
Evan Fournier (20)
Dennis Rodman (27)
Jimmy Butler (30)
Jalen Brunson (33)
Draymond Green (35)
Isaiah Thomas (60)

Page 34

MOST VALUABLE PLAYERS
Giannis Antetokounmpo, Steve Nash, Michael Jordan, LeBron James, Stephen Curry, Nikola Jokic, Larry Bird, Magic Johnson, Tim Duncan, Moses Malone.

10 À LA SUITE
1. 1946 ; **2.** 19 à 18 pour les Pistons ; **3.** Brooklyn ; **4.** Tidjane Salaün ; **5.** Les Detroit Pistons ; **6.** 1994 (Warriors - Hornets) ; **7.** 0 fois ; **8.** 41e choix ; **9.** 86 matchs ; **10.** Les Chicago Bulls.

Page 35

LA LUTTE FINALE
1. 3000 $; **2.** 82 points ; **3.** 610 - 610 ; **4.** 131 ; **5.** 31 millions ; **6.** 32 km/h ; **7.** Barack Obama.

QUI EST QUI ?
1. Ben McLemore (Kings) ; 2. Jabari Parker (Bulls) ; 3. Jordan Bell (Wolves) ; 4. Victor Oladipo (Thunder) ; 5. Duncan Robinson (Heat) ; 6. Jeremy Lin (Nets) ; 7. PJ Tucker (Rockets) ; 8. Mason Plumlee (Hornets).

Page 36

AU TABLEAU !

	Champion	Finaliste	Score
2010	Los Angeles Lakers	Boston Celtics	4-3
2011	Dallas Mavericks	Miami Heat	4-2
2012	Miami Heat	Oklahoma City Thunder	4-1
2013	Miami Heat	San Antonio Spurs	4-3
2014	San Antonio Spurs	Miami Heat	4-1
2015	Golden State Warriors	Cleveland Cavaliers	4-2
2016	Cleveland Cavaliers	Golden State Warriors	4-3
2017	Golden State Warriors	Cleveland Cavaliers	4-1
2018	Golden State Warriors	Cleveland Cavaliers	4-0
2019	Toronto Raptors	Golden State Warriors	4-2
2020	Los Angeles Lakers	Miami Heat	4-2
2021	Milwaukee Bucks	Phoenix Suns	4-2
2022	Golden State Warriors	Boston Celtics	4-2
2023	Denver Nuggets	Miami Heat	4-1
2024	Boston Celtics	Dallas Mavericks	4-1

Page 37

DÉSOLÉ, JAMAIS JOUÉ
DeMarcus Cousins n'a jamais joué aux Bulls.
Ronny Turiaf aux Kings.
Russell Westbrook aux Pelicans.
Joakim Noah aux Spurs.
Kyrie Irving aux Lakers.
Paul George aux Cavaliers.

LE JEU DES CARRIÈRES
1. LeBron James ; 2. Michael Jordan ; 3. Shaquille O'Neal ; 4. Boris Diaw ; 5. Derrick Rose ; 6. Nicolas Batum ; 7. Carmelo Anthony ; 8. Kevin Durant ; 9. James Harden ; 10. J.R. Smith.

CULTURE GÉNÉRALE

Page 39

LE PITCH

1. ***Space Jam*** ; 2. ***Space Jam 2*** ; 3. ***Les Blancs ne savent pas sauter*** ; 4. ***He Got Game*** ; 5. ***Semi Pro***.

LE JEU DE LA MASCOTTE

1. Hugo The Hornet ; 2. Coyote the Coyote ; 3. Rumble the Bison ; 4. Stuff the Magic Dragon ; 5. Rocky the Mountain Lion ; 6. Benny the Bull.

Page 40

FOOD TRIP

Boston : Clam Chowder ; New York : Hotdog ; Philadelphie : Cheesesteak sandwich ; La Nouvelle-Orléans : Jambalaya ; Memphis : Sauce barbecue ; Chicago : Deep dish pizza ; Milwaukee : Bière ; Dallas : Beef brisket (poitrine de bœuf effilochée) ; Los Angeles : Cobb salad.

COMPLÈTEMENT 2K

Allen Iverson NBA2K, NBA 2K1, NBA 2K2, NBA 2K3 & ESPN NBA 2K4 • **Ben Wallace** ESPN NBA 2K5 • **Shaquille O'Neal** NBA 2K6 & NBA2K7 • **Chris Paul** NBA 2K8 • **Kevin Garnett** NBA 2K9 • **Kobe Bryant** NBA2K10 & NBA 2K24 • **Michael Jordan** NBA 2K11 • **Michael Jordan / Magic Johnson / Larry Bird** NBA 2K12 • **Derrick Rose / Blake Griffin / Kevin Durant** NBA 2K13 • **LeBron James** NBA 2K14 • **Kevin Durant** NBA 2K15 • **James Harden / Stef Curry / Anthony Davis** NBA 2K16 • **Paul George** NBA 2K17 • **Kyrie Irving** NBA 2K18 • **Giannis Antetokounmpo** NBA 2K19 • **Anthony Davis** NBA 2K20 • **Damian Lillard** NBA 2K21 • **Luka Doncic** NBA 2K22 • **Devin Booker** NBA 2K23 • **Jayson Tatum** NBA 2K25.

Page 41

LE BON ORDRE

« Si quand tu parles de ton rêve, on ne se fout pas de toi, c'est que tu ne rêves pas assez grand. », Tony Parker.
« Ce n'est pas parce que je sais dunker un ballon que je devrais élever vos enfants. », Charles Barkley.
« Je pense que c'était Dieu déguisé en Michael Jordan. », Larry Bird.

KOBE OR NOT KOBE

1. Philadelphie ; 2. Stratford-upon-Avon ; 3. Anne Hathaway ; 4. Mulhouse ; 5. Bœuf ; 6. The Black Mamba ; 7. Leicester Square Garden ; 8. Sur le parvis de la crypto.com arena ; 9. Le barde.

Page 42

LE VRAI DU FAUX

Les phrases fausses sont les suivantes : PJ Washington a déjà joué à Washington ; Ben et Rasheed Wallace sont frères ; Lugentz Dort soufre de la maladie du sommeil ; Jruie Holiday a appelé son fils RTT ; Julian Champagnie est né à Reims ; Zach LaVine est né Bordeaux ; le deuxième prénom de Pelle Larsson est Rato (son nom complet est Pelle Gustav Gösta Larsson) ; Kyle Filipowski a joué dans ***South Park*** (c'est Kyle Broflovski) ; DeAndre Jordan est le fils de Michael Jordan ; Khris Middleton commente des matchs de NBA sur BeIn Sports.
Tout le reste, aussi fou que cela puisse paraître, est donc vrai. Oui, Allen Iverson a bien un frère qui s'appelle Mister Allen Iverson.

Page 43

LE BESTIAIRE

Classement par vitesse moyenne : taureau (24 km/h), frelon (40 km/h), pélican (en vol, 42 km/h), grizzli (48 km/h), lion (57 km/h), loup (56 km/h) pur-sang (65 km/h), cerf (67 km/h) et le plus rapide : le faucon (en vol, 250 km/h).
Classement par poids moyen : frelon (600 mg), faucon (1 kg), pélican (11 kg), loup (35 kg), cerf (60 kg), lion (220 kg), grizzly (270 kg), pur-sang (530 kg), taureau (550 kg)

CELEBRITY FANS

Ben Affleck : Boston Celtics • J Cole : Charlotte Hornets • Patrick Mahomes : Dallas Mavericks • Travis Scott : Houston Rockets • Tiger Woods : Orlando Magic • Spike Lee : New York Knicks • Jack Nicholson : Los Angeles Lakers • Justin Timberlake : Memphis Grizzlies • Will Smith : Philadelphie Sixers • Usher : Cleveland Cavaliers.

Page 44

PASSE ET VA

Bilal Coulibaly, Victor Wembanyama, Evan Fournier, Vincent Poirier, Florent Pietrus et Joakim Noah n'ont jamais participé à Fort Boyard.

RAP GAME

1. Shaquille O'Neal ; 2. Shaquille O'Neal ; 3. Reggie Miller ; 4. New York Knicks ; 5. Russell à Oklahoma ; 6. ... les Lakers contre les Celtics.

Page 45

L'AUTRE BOUT DU FIL

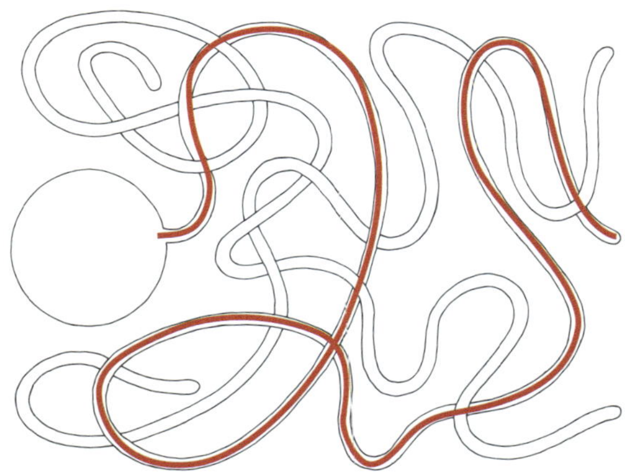

HALF TIME HALF AMAZING

Tout est vrai. Bienvenue dans le monde merveilleux de la NBA.

Page 46

LE JEU DES RÔLES

Kevin Garnett : ***Uncut Gems*** • Kareem Abdul Jabbar : ***Y a-t-il un pilote dans l'avion ?*** • Ray Allen : ***He Got Game*** • Kevin Durant : ***Thunderstruck*** • Shaquille O'Neal : ***Blue Chips*** • Dirk Nowitzki : ***Like Mike*** • Dennis Rodman : ***Double Team*** • LeBron James : ***Crazy Amy.***

LE GRAND SAUT

Les 2 joueuses à ne pas avoir évolué en WNBA sont Isabelle Yacoubou et Marine Fauthoux.

Page 47

THE LAST DANCE

1. 10 ; 2. Jerry Krause ; 3. Les Bad Boys ; 4. Doug Collins ; 5. Le baseball ; 6. La Panthère Rose ; 7. Paris.

JUST BLAZES

Aucun joueur ne portant les noms suivants n'a jamais joué en NBA : **Carl Lewis** (même si le sprinteur a été drafté par les Chicago Bulls la même année, 1984, que Michael Jordan, il n'a jamais évolué en NBA). **Childish Gambino, David Egoliatt, Do It Yourself, Justin Bridow, Jizel Knowles, Tupac Debier, Disney Channel, Shawn Carter** (vrai nom de Jay-Z) et **Kendrick Lamar**. Et oui, Michael Jackson a joué en NBA, mais il s'agit évidemment d'un homonyme.

ARTS PLASTIQUES

Page 49

Page 50

LE JEU DES SEPT DIFFÉRENCES

Page 51

OÙ EST POP ?

DE LA BONNE CAM

1. La kiss cam ; **2.** La Lion King cam ; **3.** La dance cam ; **4.** La bandwagon cam ; **5.** La celebrity look-alike cam ; **6.** La sneakers cam.

Page 53

1

Page 54

LES TROIS BALLONS

A, E et F.

LE CODE DU PÈRE CASTOR

Tu sais que le pépère dans la NBA actuelle...

Page 55

SIGNATURE MOVES

1. Le Fadeaway ; 2. Le Skyhook ; 3. Le Crossover ; 4. Le Night Night ; 5. Le Ice in my Veins.

Crédits photographiques

Couverture :
Dans l'ordre : © MATTHEW EMMONS/USA TODAY SPORTS/PRESSE SPORTS ; © VICTOR JOLY/PRESSE SPORTS ; MARK D. SMITH/PRESSE SPORTS.

Pages intérieures :
Page 4 : © DESCHAMPS/PRESSE SPORT.
Page 7, dans l'ordre : © MIKE DINOVO/PRESSE SPORT ; © BENNY SIEU/PRESSE SPORT.
Page 8 : © ERIC HARTLINE/USA TODAY SPORTS/PRESSE SPORTS.
Page 14: © ALONZO ADAMS/PRESSE SPORT.
Page 16 : © KYLE TERADA/USA TODAY SPORTS/PRESSE SPORTS.
Page 22 : © ISAIAH J. DOWNING/PRESSE SPORTS.
Page 24: © MANU REINO/AFP7/PRESSE SPORTS.
Page 26 : © RAJ MEHTA/PRESSE SPORTS.
Page 27 : © GLASSBERG JULIE/PRESSE SPORTS.
Page 29 : © REAU ALEXIS/PRESSE SPORTS.
Page 30 : © CLEMENT DENYS/PRESSE SPORTS.
Page 31 : © GARY A. VASQUEZ/USA TODAY SPORTS/PRESSE SPORTS.
Page 32 : © DESCHAMPS MICHEL/PRESSE SPORTS.
Page 33 : © BRAD PENNER/USA TODAY SPORTS/PRESSE SPORTS.
Page 35, dans l'ordre : © KELLEY L COX/USA TODAY SPORTS/PRESSE SPORTS ; © PATRICK GORSKI/PRESSE SPORTS ; © BRAD REMPEL/USA TODAY SPORTS/PRESSE SPORTS ; © MARK D. SMITH/PRESSE SPORTS ; © JASEN VINLOVE/PRESSE SPORTS ; © NICOLE SWEET/PRESSE SPORTS ; © TROY TAORMINA/PRESSE SPORTS ; © JIM DEDMON/PRESSE SPORTS.
Page 38 : © JAYNE KAMIN-ONCEA/PRESSE SPORTS.
Page 39, dans l'ordre : © NELL REDMOND/PRESSE SPORTS ; © SCOTT WACHTER/PRESSE SPORTS ; © ALONZO ADAMS/PRESSE SPORT ; © MIKE WATTERS/PRESSE SPORT ; © RON CHENOY/PRESSE SPORT ; © DENNIS WIERZBICKI/PRESSE SPORT.
Page 41 : © LAHALLE PIERRE/PRESSE SPORT.
Page 43 : © KYLE TERADA/USA TODAY SPORTS/PRESSE SPORTS.
Page 45 : © JEROME MIRON/PRESSE SPORTS.
Page 48 : © JESSE JOHNSON/PRESSE SPORTS.
Page 49, dans l'ordre : © PAT LOVELL-USA TODAY SPORTS/PRESSE SPORTS ; © RHONA WISE/PRESSE SPORTS.
Page 50 : © ROBERT MAYER/USA TODAY SPORTS/PRESSE SPORTS.
Page 51 : © SCOTT WACHTER/I%AGN IMAGES/PRESSE SPORTS et © BRAD PENNER/PRESSE SPORTS.
Page 53 : © SOOBUM IM-USA TODAY SPORTS/PRESSE SPORTS.
Page 55, dans l'ordre : © FABLET BRUNO/PRESSE SPORTS ; © MALCOLM EMMONS/USA TODAY SPORTS/PRESSE SPORTS ; © DAVID RICHARD/USA TODAY SPORTS/PRESSE SPORTS ; © MANU REINO/AFP7/PRESSE SPORTS ; © DARREN YAMASHITA/PRESSE SPORTS.
Page 56 : © ELSA/GETTY IMAGES SPORT